跟着电网企业劳模学 系列培训教材

电动汽车充电桩设计
安装调试及故障处理

国网浙江省电力有限公司　组编

中国电力出版社
CHINA ELECTRIC POWER PRESS

内 容 提 要

随着新能源电动汽车充电技术的快速发展，为了使充电桩安装调试技术管理及运维检修人员快速了解电动汽车充电桩的基本理论知识，有效提升充电站建设与充电桩设备运维检修能力，国网浙江省电力有限公司组织编写了本书。全书共分为六章，主要介绍了充电桩技术原理及充电桩安装调试等主要应用知识，重点对充电桩基本结构、设备系统、设备安装与调试、现场检测、检修、相关安全作业进行了讲解。

本书可作为电动汽车充电桩施工技术管理人员以及运维检修人员的学习培训教材以及工作参考用书。

图书在版编目（CIP）数据

电动汽车充电桩设计安装调试及故障处理／国网浙江省电力有限公司组编 . —北京：中国电力出版社，2022.6（2025.6重印）
跟着电网企业劳模学系列培训教材
ISBN 978-7-5198-6769-0

Ⅰ．①电…　Ⅱ．①国…　Ⅲ．①电动汽车－充电电源－技术培训－教材　Ⅳ．①U469.72

中国版本图书馆 CIP 数据核字（2022）第 082149 号

出版发行：中国电力出版社
地　　　址：北京市东城区北京站西街 19 号（邮政编码 100005）
网　　　址：http://www.cepp.sgcc.com.cn
责任编辑：穆智勇（010-63412336）　柳　璐
责任校对：黄　蓓　王海南
装帧设计：张俊霞　赵姗姗
责任印制：石　雷

印　　刷：固安县铭成印刷有限公司
版　　次：2022 年 6 月第一版
印　　次：2025 年 6 月北京第四次印刷
开　　本：710 毫米 ×980 毫米　16 开本
印　　张：9.25
字　　数：130 千字
印　　数：2001—2500 册
定　　价：48.00 元

编 委 会

丛书序

国网浙江省电力有限公司在国家电网有限公司领导下，以努力超越、追求卓越的企业精神，在建设具有卓越竞争力的世界一流能源互联网企业的征途上砥砺前行。建设一支爱岗敬业、精益专注、创新奉献的员工队伍是实现企业发展目标、践行"人民电业为人民"企业宗旨的必然要求和有力支撑。

国网浙江省电力有限公司为充分发挥公司系统各级劳模在培训方面的示范引领作用，基于劳模工作室和劳模创新团队，设立劳模培训工作站，对全公司的优秀青年骨干进行培训。通过严格管理和不断创新发展，劳模培训取得了丰硕成果，成为国网浙江省电力有限公司培训的一块品牌。劳模工作室成为传播劳模文化、传承劳模精神，培养电力工匠的主阵地。

为了更好地发扬劳模精神，打造精益求精的工匠品质，国网浙江省电力有限公司将多年劳模培训积累的经验、成果和绝活，进行提炼总结，编制了"跟着电网企业劳模学系列培训教材"。该丛书的出版，将对劳模培训起到规范和促进作用，以期加强员工操作技能培训和提升供电服务水平，树立企业良好的社会形象。丛书主要体现了以下特点：

一是专业涵盖全，内容精尖。丛书定位为劳模培训教材，涵盖规划、调度、运检、营销等专业，面向具有一定专业基础的业务骨干人员，内容力求精练、前沿，通过本教材的学习可以迅速提升员工技能水平。

二是图文并茂，创新展现方式。丛书图文并茂，以图说为主，结合典型案例，将专业知识穿插在案例分析过程中，深入浅出，生动易学。除传统图文外，创新采用二维码链接相关操作视频或动画，激发读者的阅读兴趣，以达到实际、实用、实效的目的。

三是展示劳模绝活，传承劳模精神。"一名劳模就是一本教科书"，丛书对劳模事迹、绝活进行了介绍，使其成为劳模精神传承、工匠精神传播的载体和平台，鼓励广大员工向劳模学习，人人争做劳模。

丛书既可作为劳模培训教材，也可作为新员工强化培训教材或电网企业员工自学教材。由于编者水平所限，不到之处在所难免，欢迎广大读者批评指正！

最后向付出辛勤劳动的编写人员表示衷心的感谢！

丛书编委会

前　言

在国家"双碳"政策的驱动下，新能源电动汽车的推广普及成效显著，各地新能源电动汽车发展如火如荼，全国的保有量已经超越了 600 万辆。与此同时，电动汽车产业的发展离不开充电设施的推广应用，在一定程度上，充电设施的发展应提前于电动汽车。近几年来，电动汽车充电桩的数量迅速增长，同时充电难的问题也屡见报道。开展充电桩安装调试、缺陷消除，不断提升充电效能，不但能在很大程度上解决充电使用困难的问题，也能不断提升运营单位的综合效益。鉴于此，国网浙江省电力有限公司组织编写了本书。

本书编写小组成员来自浙江大有实业有限公司杭州科技发展分公司充电桩施工、调试、运维检修的项目团队，主要成员从业时间均在十年以上。本书第一章、第二章介绍了充电设备的常见结构组成和主流设备系统，第三章介绍了充电设备的安装与调试要点，第四章介绍了对应 2015 国标的充电桩安全检测事项，第五章介绍了运行与故障消缺中遇到的主要故障代码与处理方法等，第六章介绍了现场工作相关安全作业。希望本书能为一线的作业与管理人员提供参考，帮助大家提高工作效率与技术水平。

由于编写人员水平所限，书中难免存在疏漏和不足之处，恳请广大读者批评指正。

编　者

2022 年 5 月

目 录

技术创新能手　发明专利专家

——记国网浙江省电力有限公司劳动模范郑正仙

郑正仙

　　男，1982 年 8 月出生，硕士研究生毕业，高级工程师，现为国网杭州供电公司浙江大有实业有限公司杭州科技发展分公司副总经理，第二届能源行业电动汽车充电设施标委会标准工作组成员、国网浙江省电力有限公司营销技术首席专家，长期从事电动汽车充换电技术研究和管理工作，荣获"浙江电力优秀青年工程师""浙江省电力公司十佳职工技术创新能手"等称号。

　　积极参与国家 863 课题、国家重点研发计划项目等研发工作，撰写科技论文 20 余篇，出版技术专著 3 部，参与编写国家标准 1 项、能源行业标准 2 项，授权美国发明专利 2 项、欧洲发明专利 1 项、国内发明专利 32 项、国内实用新型专利 40 余项。

　　2018～2020 年连续三年获得浙江省科技进步奖（一等奖 1 项、三等奖 2 项），2019 年获得中国电力科技进步奖一等奖、国家电网有限公司专利奖二等奖和科技进步三等奖。

第一章

充电桩
基本结构

本章主要介绍充电桩的外观结构、核心控制单元的组成与功能、功率控制单元的组成、人机交互单元的主要功能、充电连接终端（充电枪线）的主要功能。因交流充电桩的结构相对简单，所以本章主要以直流充电桩为例进行说明。

第一节　外　观　结　构

直流、交流充电桩主要用于对电动汽车进行快速、慢速充电，多数都安装在户外，采用防水、防尘设计，防护等级为 IP54 [GB/T 4208—2017《外壳防护等级（2P 代码）》中 IP54（室外）的规定]。一般直流充电桩功率在 60～320kW，交流充电桩功率在 7～30kW。

充电桩结合人体工学设计，将充电接口、人机交互界面、通信、计费等单元集成为一个整体，采用模块化的设计，安装、调试方便，维护简单，安装后整机高度、屏幕高度、充电接头安装槽高度均适宜操作。还有 4G/3G 通信模块天线和北斗/GPS 定位模块天线、非接触刷卡区域、急停按钮等。图 1-1 所示为交流充电桩，图 1-2 所示为直流充电桩。

图 1-1　交流充电桩外观图　　　图 1-2　直流充电桩外观图

第二节 核心控制单元

一、主控制板

充电桩的核心控制单元是充电桩的"大脑",与车辆电池管理系统(battery management system,BMS)及计费控制单元(terminal control unit,TCU)通信,同时管理模块控制板、采样控制板,完成充电桩的充电控制和状态检查与监控。

二、采样控制板

采样控制板与主控制板通信,具备直流输出电压、电流检测采样及直流回路绝缘检测功能,功能相对简单完整。因采样控制板与直流母线高压回路相关,所以适合单独设计成一个模块,既方便布局、检修,又做到了强弱电分离,从而降低干扰,提高稳定性及安全系数。

三、模块控制板

模块控制板接收来自主控制板的命令,管理和反馈充电模块工作状态,并具备遥信或遥控主断路器、门禁、风机、交流接触器等回路的功能。

四、计费控制单元

计费控制单元(TCU),由 CPU 处理器、非易失性存储器、嵌入式安全控制模块(embedded secure access module,ESAM)、定位模块、语音模块、通信接口、显示接口、开关量输入接口、开关量输出接口、时钟、电源等部分组成,与车联网平台和充电控制器通信,实现认证、结算、人机交互等业务功能。

第三节 功 率 模 块

功率模块也是充电桩的核心部件,如同汽车中的发动机。按照电动汽车的多样性特点，目前主流的充电模块具备直流宽电压、恒功率的输出能力，可以同时满足乘用车与商用车的需求。

功率模块具有待机功耗低，有防盐雾、防潮湿、防霉变等防护等工艺设计，内置自动泄放残留电荷的功能电路。交流转直流的最高效率从刚开始的 82% 逐步提高到 92%，新的标准可以达到 97%。

功率模块具备三相无中线交流输入功能，双数字信号处理（digital signal processing，DSP）设计，实现充电模块全数字化控制，主流的模块分为 20kW 与 15kW 两种，输出电压范围为 200～550V，新的发展趋势还在逐步提高，200～1000V 都有。工作温度一般可以在 −40～75℃ 正常运行。功率因数都在 0.99 以上，所产生的谐波总畸变率都控制在 5% 以内；同时，还具备输入过/欠电压保护，输出过电压保护，过电流及短路保护，过温保护。

第四节　操作交互单元

一、用户充电操作

充电桩充电模式有刷卡充电、二维码充电、账号充电、即插即充四种充电模式。

刷卡充电是一种常规的模式，用户必须持有一张通过系统平台认证的充电卡，通过该模式用户可以直接刷卡充电，优点是在没有网络信号的情况下也可以正常充电使用。

二维码充电是目前比较普遍使用的模式，用户通过支付软件（充电桩系统平台 App、支付宝、微信等）扫描屏幕上的二维码来启动充电。

账号充电模式，即用户只需在该模式下输入账号和密码就可以充电，账号和密码需要在 App 软件里申请注册。优点是多辆车可以同时使用同一个账号和密码，便于管理。

即插即充模式，即车辆连接充电桩直接可以充电，与现在流行的免密支付一样，采用充电认证通过后，先充电、后支付的方式，是目前使用最快捷的方式。该模式需要事先在充电平台上申请，把车辆唯一识别代码（vehicle identification number，VIN）进行捆绑，系统平台把车辆信息下发到充电桩内，充电桩就可以识别车辆进行充电。

二、视频显示模块

充电桩视频显示模块采用触摸式彩屏液晶显示屏实现人机交互功能。一般交流充电桩采用 5 英寸显示屏，直流充电桩（非车载充电机）采用 7 英寸显示屏。

一般触摸彩屏采用电阻屏或者电容屏，显示屏分辨率 800×480，亮度大于等于 500nit，自带光感元件，可以根据户外光线自动调节显示亮度，视角范围上/下/左/右方向分别为 40°/60°/60°/60°，功耗不大于 3W，显示信息字符清晰、完整。

三、读卡设备模块

读卡设备模块是认证身份信息的一种非接触式人机交换方式。目前通用的读卡器模块配置 CPU 卡读卡器，具有读卡感应灵敏、通信响应快的特点；还具备自复位功能，内置看门狗以保障模块正常运行；自带蜂鸣器和电源指示灯，待机功耗低。

第五节 充电连接终端

电动汽车充电连接装置（俗称充电枪）主要由充电电缆、充电接口（插头）和保护盖组成。环境运行温度−30~50℃，充电电缆常规长度 5m，可定制，电缆绝缘电阻值国标要求大于等于 10MΩ，一般可达 500MΩ 以上。充电电缆内部由交流或直流线路、接地线和若干通信辅助线组成。主流的充电接口为交流 7 孔，直流 9 孔，防护等级为 IP54，9 孔接口（直流插头）自带锁止和温控功能。

充电桩一般采用 GB/T 18487.1—2015《电动汽车传导充电系统 第 1 部分：通用要求》中规定的充电模式 4（将电动汽车连接到交流电网或直流电网时，使用了带控制导引功能的直流供电设备）和连接方式 C（将电动汽车和交流电网连接时，使用了和供电设备永久连接在一起的充电电缆和车辆插头）对电动汽车进行充电，如图 1-3 所示。

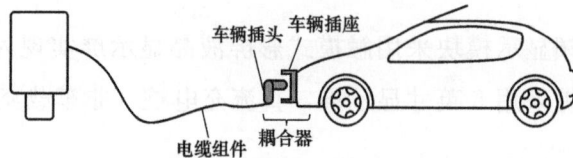

注：电缆组件是充电设备的一部分。

图 1-3 连接方式 C 示意图

一、终端锁止功能

该功能确保充电过程中充电插头和车辆接口连接紧密，防止充电意外断开而产生安全隐患，在锁止状态下，确保一般外力（不大于 200N 的拔出外力）下充电连接不会断开或锁止装置不应损坏，特别是直流充电枪，因充电电流较大，通过在充电插头内置一套电磁锁止装置，防止车辆接口带载分断。同时，在充电枪手柄下端增加应急解锁口，便于在充电枪出现意外情况无法自动解锁时，通过手动拉动解锁绳等方式来实现应急解锁功能。

二、终端温控功能

终端温控功能用于枪线或插针温度的实时监测，并能在温度超出设定或充电枪出厂标称温度时自动中止充电。通过在充电插头内置温度传感控制单元，实时监测和采集充电电缆及插针的温度，同时通过温控通信线路将温度信息反馈给主控板，实现充电枪温度情况实时监控和控制，避免充电枪因长时间过温或过载运行，导致绝缘性能下降甚至短路意外的发生，延长充电枪使用寿命。

第二章

主流充电桩设备系统

电动汽车充电桩设计时充分考虑充电设施运营现状与发展趋势，通过规范直流充电设备电气原理、专用部件设计、通用器件选型、外形结构、结构布局、设备安装、接口标准等，推行全国充电设备统一化设计和标准化管理，全面提高充电设备的兼容性、可靠性和易维护性，进而达到服务更多车型与便捷的充电服务体验。本章主要介绍主流的四种类型充电桩设备，便于读者快速入门相关基础知识。

第一节　主流充电桩设备一（60kW一机一枪）

一、基本概况

60kW一机一枪充电桩设备外形和人机操作位置尺寸合理方便。充电桩壳体常采用2.0mm冷轧钢板，表面喷塑处理，防护等级IP54，其外观如图2-1所示，一体式充电系统配置1个250A直流充电连接装置，设备柜体最大可提供4个充电模块安装仓位，适用额定功率60～80kW充电需求，内部结构如图2-2所示。60kW一机一枪标准配置4个15kW充电模块，内置直流电能表和计费控制单元，具备计量计费和充电控制功能，其电气原理主电路拓扑如图2-3所示。

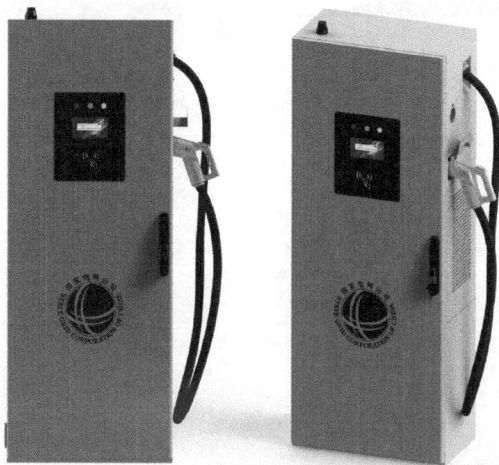

图2-1　60kW一机一枪充电桩外观图

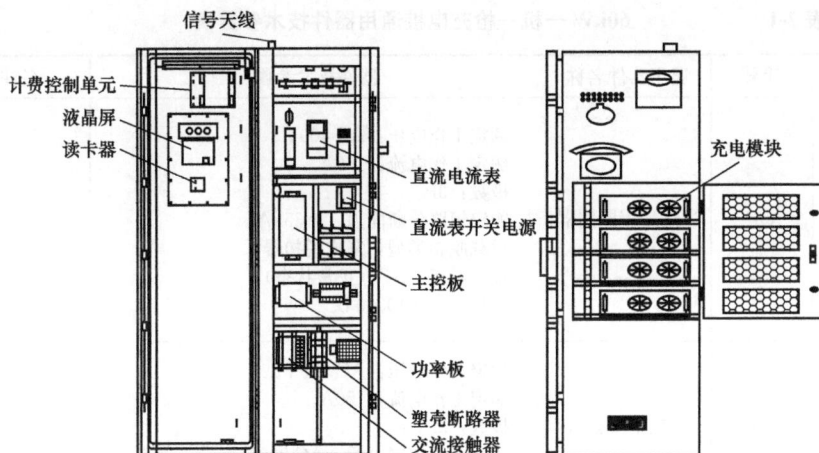

图 2-2 60kW 一机一枪充电桩内部结构图

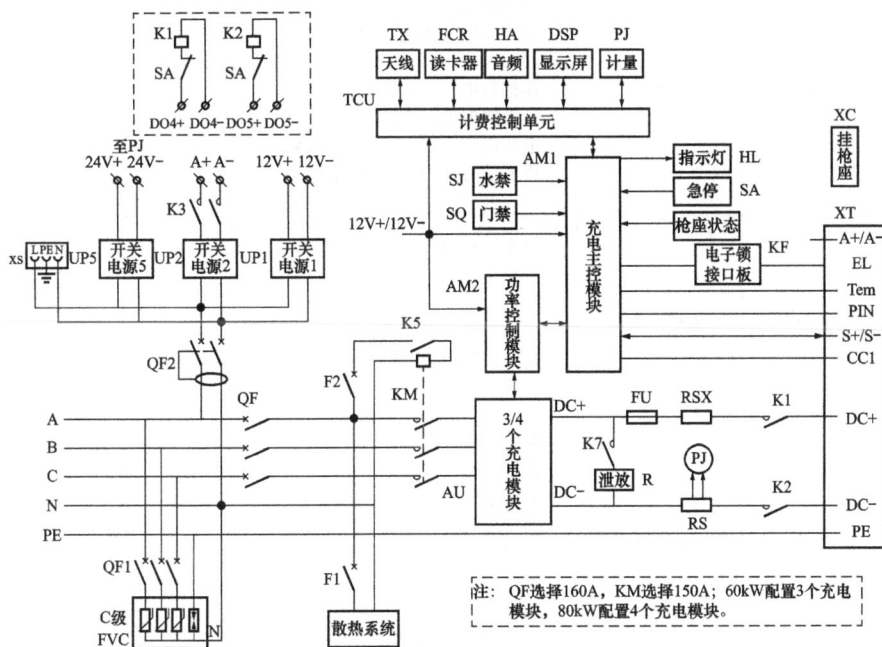

注：QF选择160A，KM选择150A；60kW配置3个充电模块，80kW配置4个充电模块。

图 2-3 60kW 一机一枪充电桩主电路拓扑图

二、通用器件技术参数

60kW 一机一枪充电桩通用器件的技术参数及代号见表 2-1。

表 2-1　　　　　　60kW 一机一枪充电桩通用器件技术参数表

序号	代号	通用器件名称	器件技术参数	备注
1	QF	进线塑壳断路器	额定工作电压：AC 400V。 额定工作电流：160A。 极数：3P。 额定短路分断能力：≥35kA。 过载脱扣类型：复式脱扣器。 报警触点：NO（正常状态）。 机械寿命：10000 次	
2	KM	交流主接触器	额定工作电压：AC 380V。 额定工作电流：150A。 极数：3P。 线圈额定控制电源：AC 220V。 辅助触点：NO（分断状态）	
3	FVC	防雷器	保护模式：3P+1。 最大持续运行电压：L-N，385V；N-PE，255V。 标称放电电流：20kA。 最大放电电流：40kA。 电压保护水平 U_p：<1.5kV。 报警信号：NO（正常状态）	C 级防雷
4	QF1	防雷断路器	额定工作电压：AC 400V。 额定工作电流：40A。 极数：3P。 额定短路分断能力：6kA。 瞬时脱扣类型：C 型。 机械寿命：10000 次	
5	QF2	微型漏电断路器	额定电压：AC 400V。 额定电流：16A。 剩余电流保护器：AC 型。 额定漏电动作电流：30mA。 极数：2P。 额定短路分断能力：6kA。 瞬时脱扣类型：C 型。 机械寿命：10000 次	辅助开关电源断路器
6	F1，F2	微型断路器	额定电压：AC 400V。 额定电流：16A。 极数：1P。 额定短路分断能力：6kA。 瞬时脱扣类型：C。 机械寿命：10000 次	F1：散热系统断路器。 F2：交流主接触器控制断路器

序号	代号	通用器件名称	器件技术参数	备注
7	UP1，UP2	辅助开关电源	输入电压范围：AC 220V±20%。 频率：47～63Hz。 输出：12V/10A。 安装方式：平板	
8	UP5	电能表开关电源	输入电压范围：AC 220V±20%。 频率：47～63Hz。 输出：24V/1A。 安装方式：平板	
9	FU	直流熔断器	额定工作电流：300A。 额定工作电压：750V。 分断能力：50kA。 告警触点：NO（正常状态）	
10	RSX	直流分流器	输入额定电流：300A。 准确度：0.2级	用于测量
11	RS	直流分流器	输入额定电流：300A。 准确度：0.2级	用于计量
12	PJ	直流电能表	工作电源：DC 24V。 参比电流：300A/75mV。 参比电压：700V。 准确度等级：1.0级。 通信方式：2路RS485。 通信协议：按照行业充电设备招标规范。 结构尺寸：160mm(长)×112mm(宽)×58mm(厚)。 电压电流采样采用四线制，不共地	
13	K1，K2	直流接触器	额定工作电压：DC 750V。 额定工作电流：300A。 线圈工作电压：DC 9～36V。 机械寿命：10万次。 电气寿命：≥1000次（负载电压750V，负载电流250A；1s通，9s断；阻性负载）。 辅助触点：1NO（分断状态）	
14	K3	辅助电源继电器	线圈额定电压：DC 12V。 主触点负载（阻性）：DC 30V/20A。 主触点形式：2NO	
15	K5	交流主接触器控制继电器	线圈额定控制电源：DC 12V。 触点形式：1NO。 阻性负载：AC 250V/10A。 感性负载：AC 250V/5A	

序号	代号	通用器件名称	器件技术参数	备注
16	K7	泄放继电器	额定工作电压：DC 750V。 额定工作电流：10A。 线圈工作电压：额定 DC 9～36V。 机械寿命：10 万次。 电气寿命：≥1000 次（负载电压750V，负载电流10A；1s 通，9s 断，阻性负载）	
17	R	泄放电阻	功率等级：200W/75Ω。 外形尺寸：≤180mm×70mm×40mm	
18	XC	充电枪座	带充电枪归位指示触点。 触点形式：NO（充电枪未归位）	
19	TX	组合天线	天线形式：双模 GPS/BDS＋LTE。 安装方式：M12 螺钉固定。 防护等级：IP67	
20	HL	状态指示灯	待机指示灯：绿色。 充电指示灯：红色。 告警指示灯：黄色	
21	HA	音频	工作电压：DC 12V。 输出功率：3W。 频率响应：20Hz～20kHz	
22	SA	急停按钮	额定工作电压：AC 220V。 额定工作电流：5.5A。 机械寿命：旋转 20 万次。 电气寿命：旋转 10 万次。 操作部件形状：圆形。 触动形式：快动型触点。 按钮形式：旋转复位蘑菇钮。 直径：ϕ22。 触点形式：2NO＋2NC	
23	XS	电源插座	额定电压：AC 250V。 额定电流：10A。 宽度：36mm。 安装方式：导轨安装。 安装方向：垂直安装	
24	SQ	门禁开关	额定电压：220V。 额定电流：5A。 工作行程：3.5mm。 超行程：1mm。 输出触点：NO（打开状态）	
25	SJ	水浸报警器	额定电压：DC 12V。 输出触点：NO（正常状态）	

三、直流充电控制器

如图 2-4 所示，直流充电控制器由充电主控模块和功率控制模块两部分组成。充电主控模块电气接口包括充电连接控制导引、BMS 通信、直流侧采样与控制等；功率控制模块电气接口包括交流侧采样与控制、充电模块通信及散热系统控制等。

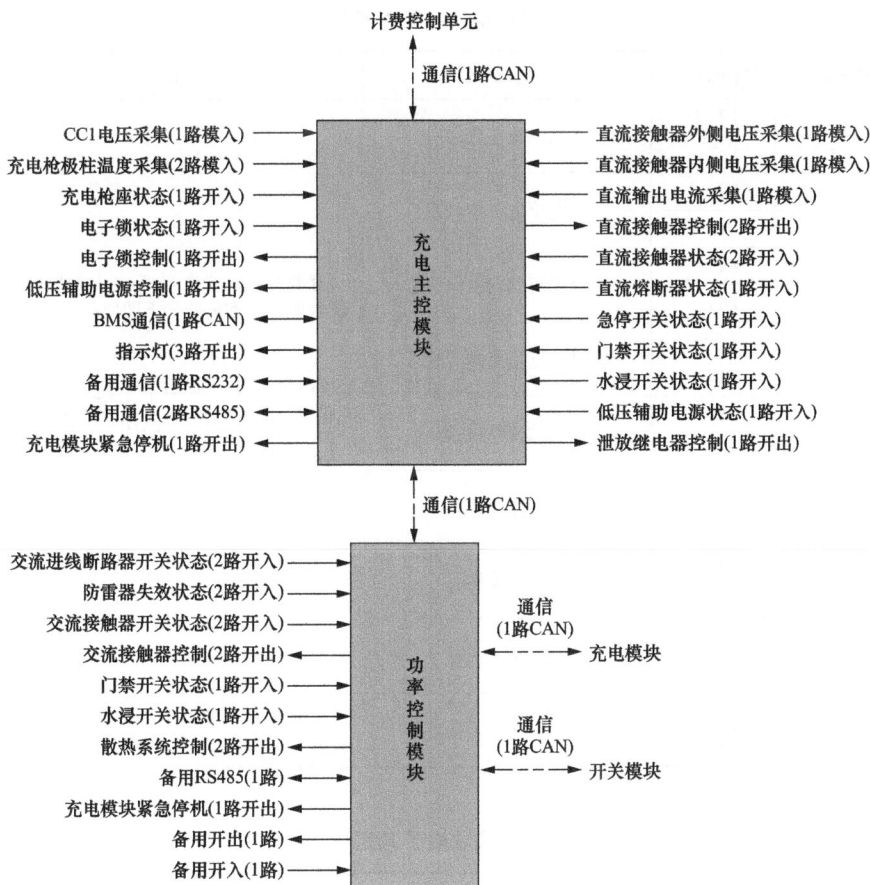

计费控制单元

通信(1路CAN)

CC1电压采集(1路模入) →
充电枪极柱温度采集(2路模入) →
充电枪座状态(1路开入) →
电子锁状态(1路开入) →
电子锁控制(1路开出) ←
低压辅助电源控制(1路开出) ←
BMS通信(1路CAN) →
指示灯(3路开出) ←
备用通信(1路RS232) →
备用通信(2路RS485) →
充电模块紧急停机(1路开出) ←

充电主控模块

← 直流接触器外侧电压采集(1路模入)
← 直流接触器内侧电压采集(1路模入)
← 直流输出电流采集(1路模入)
→ 直流接触器控制(2路开出)
← 直流接触器状态(2路开入)
← 直流熔断器状态(1路开入)
← 急停开关状态(1路开入)
← 门禁开关状态(1路开入)
← 水浸开关状态(1路开入)
← 低压辅助电源状态(1路开入)
→ 泄放继电器控制(1路开出)

通信(1路CAN)

交流进线断路器开关状态(2路开入) →
防雷器失效状态(2路开入) →
交流接触器开关状态(2路开入) →
交流接触器控制(2路开出) ←
门禁开关状态(1路开入) →
水浸开关状态(1路开入) →
散热系统控制(2路开出) ←
备用RS485(1路) →
充电模块紧急停机(1路开出) ←
备用开出(1路) ←
备用开入(1路) →

功率控制模块

通信(1路CAN) → 充电模块

通信(1路CAN) → 开关模块

图 2-4　60kW 一机一枪充电桩直流充电控制器接口示意

（1）直流充电控制器规定的正常工作温度为−25～60℃，相对湿度为 5%～95%。

（2）直流充电控制器的接口端子及状态指示满足如下要求：

1）具备正常工作指示功能，指示灯面板显示：绿色，正常秒闪。

2）插接端子使用两端带固定位分体式端子，端子座为 90°弯针，端子头为直插式。

（3）充电主控模块接口包含 A、B、C、D、E 五列端子及地址拨码开关，具体定义见表 2-2～表 2-7。

表 2-2　　　　　　　　　　主控模块端子 A 定义

端子编号	端子代号	功能定义	备注
1	DI1+	充电枪座状态	有源开入，光电隔离，与模块工作电源共地，典型电路如下图所示 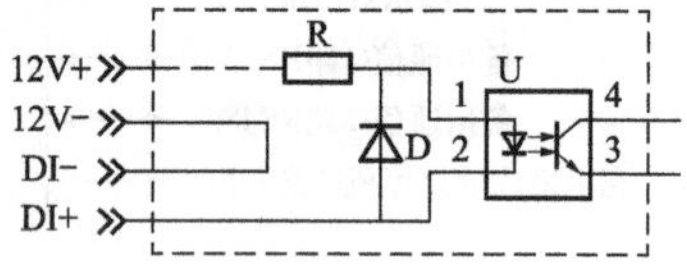
2	DI1−		
3	DI2+	充电枪电子锁状态	
4	DI2−		
5	DI3+	正母线直流接触器状态	
6	DI3−		
7	DI4+	负母线直流接触器状态	
8	DI4−		
9	DI5+	直流熔断器状态	
10	DI5−		
11	DI6+	急停开关状态	
12	DI6−		
13	DI7+	门禁开关状态	
14	DI7−		
15	DI8+	水浸开关状态	
16	DI8−		
17	DI9+	低压辅助电源状态	无源开入，辅助电源继电器 K3 输出电压采样
18	DI9−		

有源典型电路图

表 2-3　　　　　　　　　　主控模块端子 B 定义

端子编号	端子代号	功能定义	备注
1	12V+	模块工作电源输入	电源电压 12V±3V
2	12V−		
3	PE	工作地	

表 2-4　　　　　　　　　　　　　　**主控模块端子 C 定义**

端子编号	端子代号	功能定义	备注
1	T1+	充电枪正极温度采样	PT1000 热敏电阻
2	T1−		
3	T2+	充电枪负极温度采样	
4	T2−		
5	NC	CC1 电压采样	采样电压范围 DC 0～15V
6	CC1		
7	PE	工作地	
8	NC	直流接触器（K1、K2）内侧电压采样 直流绝缘检测	采样电压范围 DC −200～1000V
9	DC1+		
10	NC		
11	DC1−		
12	NC	直流接触器（K1、K2）外侧电压采样	采样电压范围 DC −200～1000V
13	DC2+		
14	NC		
15	DC2−		
16	NC	直流电流采样	分流器准确度等级：0.5 级。 分流器额定电流：300A。 分流器二次电压：75mV
17	IF+		
18	IF−		

注　NC 为空针。

表 2-5　　　　　　　　　　　　　　**主控模块端子 D 定义**

端子编号	端子代号	功能定义	备注
1	DO1+	低压辅助电源控制	DC 12V 有源动合输出。 阻性负载：DC 30V/5A。 感性负载：DC 30V/1.5A
2	DO1−		
3	DO2+	充电枪电子锁控制	
4	DO2−		
5	DO3+	泄放继电器 K 控制	
6	DO3−		
7	DO4+	直流接触器 K1 控制	DC 12V 有源动合输出。 阻性负载：DC 30V/16A。 感性负载：DC 30V/5A
8	DO4−		
9	DO5+	直流接触器 K2 控制	
10	DO5−		
11	DO6+	备用	
12	DO6−		
13	DCP+	开出控制电源输入	用于 DO1～DO6 回路供电。 电源电压：12V±2V
14	DCP−		

续表

端子编号	端子代号	功能定义	备注
15	L-G	绿灯	状态1：低电平点亮。
16	L-R	红灯	状态2：高阻熄灭。 开关容量：200mA/40V。
17	L-Y	黄灯	设备正常待机状态绿灯常亮
18	L-T	12V+输出	采用开出控制电源DCP+

表2-6 　　　　　　　　　**主控模块端子 E 定义**

端子编号	端子代号	功能定义	备注
1	5V+	RS232（备用） GND1：5V 地	全隔离输出
2	TX		
3	RX		
4	GND1		
5	A	RS485（备用） GND2：RS485 地 内置120Ω终端电阻（跳线）	全隔离输出
6	B		
7	GND2		
8	H1	CAN2.0：接计费控制单元 内置120Ω终端电阻（跳线）	全隔离输出
9	L1		
10	G1		
11	NC		
12	H2	CAN2.0：接功率控制模块单元 内置120Ω终端电阻（跳线）	全隔离输出
13	L2		
14	G2		
15	NC		
16	H3	CAN2.0：接车辆 BMS 内置120Ω终端电阻（跳线）	全隔离输出
17	L3		
18	G3		

表2-7 　　　　　　　　　**地址拨码开关定义**

拨码开关	
地址码分配	设定方式："1、2、3、4"为本模块地址设定位。"4 地址最低位，"1"为地址最高位，地址位拨到上面为1，拨到下面为0

16

（4）功率控制模块的接口包含 A、B、C、D 四列端子及地址拨码开关，具体定义见表 2-8～表 2-12。

表 2-8 功率控制模块端子 A 定义

端子编号	端子代号	功能定义	备注
1	DI1+	交流进线断路器状态 1	有源开入，光电隔离，与模块工作电源共地，典型电路与主控模块相同，见表 2-2
2	DI1−		
3	DI2+	交流进线断路器状态 2	
4	DI2−		
5	DI3+	防雷器状态 1	
6	DI3−		
7	DI4+	防雷器状态 2	
8	DI4−		
9	DI5+	交流接触器状态 1	
10	DI5−		
11	DI6+	交流接触器状态 2	
12	DI6−		
13	DI7+	门禁开关状态	
14	DI7−		
15	DI8+	水浸开关状态	
16	DI8−		
17	DI9+	散热系统状态	
18	DI9−		

表 2-9 功率控制模块端子 B 定义

端子编号	端子代号	功能定义	备注
1	12V+	模块工作电源输入	电源电压 12V±3V
2	12V−		
3	PE	工作地	

表 2-10 功率控制模块端子 C 定义

端子编号	端子代号	功能定义	备注
1	DO1+	交流接触器控制 1	无源干触点动合输出。阻性负载：AC 250V/5A，DC 30V/5A。感性负载：AC 250V/1.5A，DC 30V/1.5A
2	DO1−		
3	DO2+	交流接触器控制 2	
4	DO2−		

续表

端子编号	端子代号	功能定义	备注
5	DO3＋	散热系统控制1	无源干触点动合输出。 阻性负载：AC 250V/5A， DC 30V/5A。 感性负载：AC 250V/1.5A， DC 30V/1.5A
6	DO3－		
7	DO4＋	散热系统控制2	
8	DO4－		
9	DO5＋	充电模块紧急停机（急停、门禁、控制导引分断、电池过电压时闭合）	
10	DO5－		
11	DO6＋	备用	
12	DO6－		

表 2-11　　　　　　　　　　功率控制模块端子 D 定义

端子编号	端子代号	功能定义	备注
1	A	RS485（备用） GND：RS485 地 内置 120Ω 终端电阻（跳线）	全隔离输出
2	B		
3	GND		
4	H1	CAN2.0：对充电主控模块通信 内置 120Ω 终端电阻（跳线）	全隔离输出
5	L1		
6	G1		
7	H2	CAN2.0：对开关模块通信 内置 120Ω 终端电阻（跳线）	全隔离输出
8	L2		
9	G2		
10	H3	CAN2.0：对充电模块通信 内置 120Ω 终端电阻（跳线）	全隔离输出
11	L3		
12	G3		

表 2-12　　　　　　　　　　地址拨码开关定义

拨码开关	ON　　　　DIP 1　2　3　4
地址码分配	设定方式："1、2、3、4"为本模块地址设定位。"4 为地址最低位，"1"为地址最高位，地址位拨到上面为1，拨到下面为0

四、计费控制单元

计费控制单元（TCU）由 CPU 处理器、非易失性存储器、ESAM 模块、定位模块、语音模块、通信接口、显示接口、开关量输入接口、开关量输出接口、时钟、电源等部分组成，与充电桩车联网平台和充电控制器通信，实现认证、结算、人机交互等业务功能。计费控制单元对外接口如图 2-5 所示，技术参数及性能见表 2-13，具体接口定义见表 2-14。

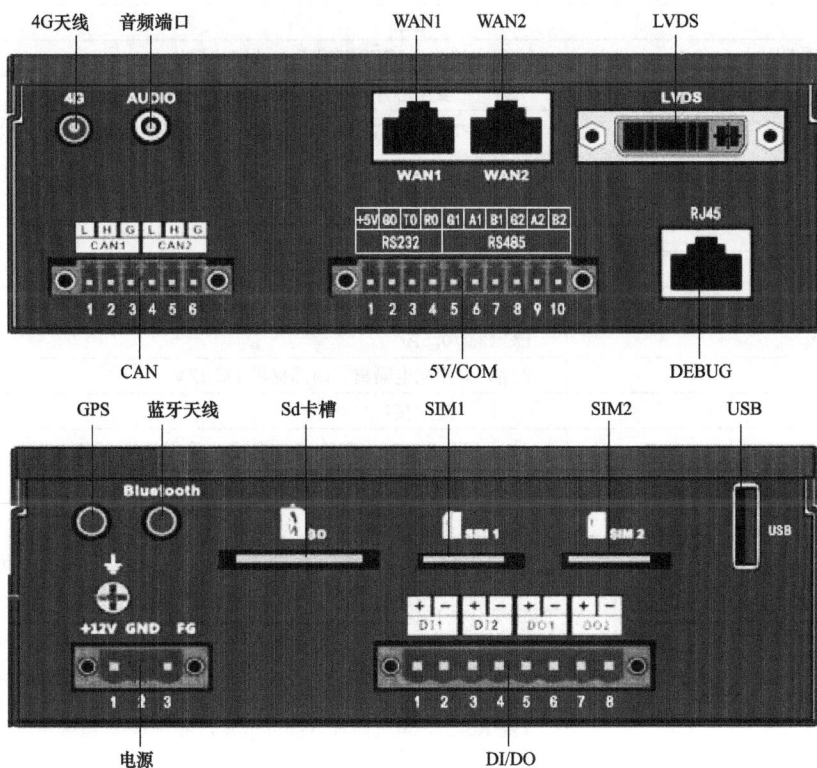

图 2-5　TCU 对外接口布置

表 2-13　　　　　　　　　计费控制单元技术参数及性能表

项目	技术参数及性能
外扩存储	
规格	标准 SD 卡

项目	技术参数及性能
容量	最高支持 16GB
安装方式	外插式安装
移动通信	
网络制式	配置同时支持中国移动及中国联通 2G/3G/4G、中国电信 4G 的全网通信模块,支持 IPv4、IPv6 协议要求
SIM 卡槽	2 个标准 SIM 卡槽,外插式安装
技术要求	支持应用软件选择使用其中任一 SIM 卡连接通信网络,具备自动切换功能。无线拨号程序具备断线自动重连功能
定位	
定位模块	内置支持北斗/GPS 双模系统的定位模块
安全芯片	
规格	采用 SPI 接口协议 ESAM 芯片,支持 SM1、SM2、SM3、SM4 等加密算法
开关量输出	
容量	220V/5A
数量	2 路,采用继电器隔离
开关量输入	
容量	DC 12V/0.5A
数量	2 路,采用光电隔离,内部提供 DC 12V
显示接口	
接口类型	24 线 LVDS 接口。DVI 接口形式,采用日标 JEIDA 时序,支持兼容的电阻触摸屏接口和电容屏接口
掉电检测	
技术要求	1 路 GPIO。工作电源低于 9V 时报警(高电平),通过 GPIO 输入 CPU,掉电后内置电源存储能量能保证计费控制单元正常工作时间不小于 15s
通信接口	
UART 接口	2 路 RS485,电气隔离 1 路 RS232,电气隔离(接读卡器,带+5V 电源输出,5V±5%,功率大于 1W) 1 路 RS232,用于 Debug 调试(接口形式 RJ45)
CAN 接口	2 路 CAN2.0B,电气隔离
网络接口	2 路 RJ45,10M/100M 自适应
USB 接口	
接口形式	1 路 TypeA 接口,用于外接 U 盘
音频接口	
接口形式	1 路标准 3.5mm 音频接口,双声道

项目	技术参数及性能
内置功放	输出功率大于等于 0.5W
蓝牙接口	
蓝牙模块	内置蓝牙模块，支持 BT5.0
实时时钟	
时钟形式	RTC 时钟
掉电保持	不小于 1 年
工作电源	
额定电压	DC 12V
工作范围	DC 9～15V
保护功能	反接保护
使用环境	
工作温度	−40～70℃
存储温度	−40～85℃
相对湿度	5%～95%
电磁兼容	静电放电抗扰度：GB/T 17626.2—2018《电磁兼容　试验和测量技术　静电放电抗扰度试验》，3 级； 射频电磁场辐射抗扰度：GB/T 17626.3—2016《电磁兼容　试验和测量技术　射频电磁场辐射抗扰度试验》，3 级； 电快速瞬变脉冲群抗扰度：GB/T 17626.4—2018《电磁兼容　试验和测量技术　电快速瞬变脉冲群抗扰度试验》，3 级； 浪涌（冲击）抗扰度：GB/T 17626.5—2019《电磁兼容　试验和测量技术　浪涌（冲击）抗扰度试验》，3 级； 电压暂降、短时中断抗扰度：GB/T 17626.11—2008《电磁兼容　试验和测量技术　电压暂降、短时中断和电压变化的抗扰度试验》； 传导骚扰限值：GB 4824—2019《工业、科学和医疗设备　射频骚扰特性　限值和测量方法》中表 2～表 5 要求； 辐射骚扰限值：GB 4824—2019《工业、科学和医疗设备　射频骚扰特性　限值和测量方法》中表 6、表 7 要求

表 2-14　　　　　　　　　　计费控制单元接口定义表

序号	接口	接口定义描述									
1	5V/COM	1	2	3	4	5	6	7	8	9	10
		+5V	G0	T0	R0	G1	A1	B1	G2	A2	B2
		端子 3.81 间距，10 针									

续表

序号	接口	接口定义描述
2	CAN	<table><tr><td>1</td><td>2</td><td>3</td><td>4</td><td>5</td><td>6</td></tr><tr><td>L1</td><td>H1</td><td>G3</td><td>L2</td><td>H2</td><td>G4</td></tr></table> 端子 3.81 间距, 6 针
3	Debug	RJ45, 针脚定义, 3: TXD; 6: RXD; 4: GND
4	4G 天线	标准 SMA 母头
5	音频	3.5mm 耳机插孔
6	WLAN	WLAN1、WLIN2 标准 RJ45 接口
7	LVDS	**脚位配置** 从正面看DVI母座介面 <table><tr><th>PIN</th><th>NAME</th><th>PIN</th><th>NAME</th></tr><tr><td>1</td><td>LCD_LVDS_TX2_N</td><td>16</td><td>GND</td></tr><tr><td>2</td><td>LCD_LVDS_TX2_P</td><td>17</td><td>LCD_LVDS_TX0_N</td></tr><tr><td>3</td><td>GND</td><td>18</td><td>LCD_LVDS_TX0_P</td></tr><tr><td>4</td><td>BACK_LIGHT_PWM</td><td>19</td><td>GND</td></tr><tr><td>5</td><td>NC</td><td>20</td><td>USBDN_DM</td></tr><tr><td>6</td><td>5V+</td><td>21</td><td>USBDN_DP</td></tr><tr><td>7</td><td>5V+</td><td>22</td><td>GND</td></tr><tr><td>8</td><td>5V+</td><td>23</td><td>LCD_LVDS_TXCLK_P</td></tr><tr><td>9</td><td>LCD_LVDS_TX1_N</td><td>24</td><td>LCD_LVDS_TXCLK_N</td></tr><tr><td>10</td><td>LCD_LVDS_TX1_P</td><td>C1</td><td>5V+</td></tr><tr><td>11</td><td>GND</td><td>C2</td><td>5V+</td></tr><tr><td>12</td><td>LCD_LVDS_TX3_N</td><td>C3</td><td>NC</td></tr><tr><td>13</td><td>LCD_LVES_TX3_P</td><td>C4</td><td>NC</td></tr><tr><td>14</td><td>5V+</td><td>C5</td><td>GND</td></tr><tr><td>15</td><td>GND</td><td></td><td></td></tr></table>
8	蓝牙天线	标准 SMA 母头
9	GPS 天线	标准 SMA 母头
10	SD 接口	标准 SD 卡卡槽
11	SIM 卡槽	双 SIM 卡卡槽

序号	接口	接口定义描述
12	USB	标准 USB 插孔
13	电源	 	1	2	3
+12V	GND	PE | 端子:5.08 间距,3 针
14	DI/DO	 | 1	2	3	4	5	6	7	8
DI1+	DI1−	DI2+	DI2−	DO1+	DO1−	DO2+	DO2−	 端子:5.08 间距,单排 8 针
15	状态指示	 	1	2	3	4	5
PWR	PUN	4G	ESAM	异常	 PWR:绿色常亮。 RUN:绿色闪烁。 4G:寻找网络时,绿色闪烁;注册连接后,绿色常量。 ESAM:运行正常时,绿灯常亮;发生故障时,绿灯闪烁。 异常:计费控制单元故障时红灯常量

五、功率模块配置

标配 4 个充电模块位置,采用 15kW 充电模块,额定输出功率为 60kW;采用 20kW 充电模块,最大输出功率为 80kW。输出电压范围 200~750V,恒功率输出可分 330~500V 和 500~750V 两阶,具备输入欠电压保护、输入过电压保护、输入过电流保护、输入防雷保护、输入三相不平衡保护、输入短路保护、急停保护、过温保护、风扇故障保护等功能。常用组 15kW/20kW 功率模块性能指标见表 2-15。

表 2-15 功率模块性能参数表

项目	性能参数
额定功率	15kW/20kW
环境条件	
工作温度	−20~55℃(−20~55℃满载输出,超过 55℃降容输出,超过 75℃关机)

23

项目	性能参数
相对湿度	5%～95%
海拔	≤2000m
输入特性	
交流工作电压范围	AC 285～475V
交流输入电源频率	50Hz±1Hz
功率因数	≥0.95(4kW≤输出功率≤10kW);≥0.98(10kW<输出功率≤20kW)
谐波电流限值	≤5%(10kW≤输出功率≤20kW)
输出特性	
输出电压范围	200～750V
恒功率输出	330～500V 和 500～750V
稳压精度	不超过±0.5%(稳压状态,输入电压 AC 323～456V,输出电压 200～750V,输出电流 0～额定电流值)
稳流精度	不超过±1%(稳流状态,输入电压 AC 323～456V,输出电压 200～750V,输出电流 20%额定电流～额定电流值)
电压纹波因数	不大于 1%(稳压状态,输入电压 AC 323～456V,输出电压 200～750V,输出电流 0～额定电流值)
输出电压设定误差	不超过±0.5%(稳压状态,输出电压 200～750V)
输出电流设定误差	不超过±0.3A(设定的输出直流电流小于 30A); 不超过±1%(稳流状态,设定的输出直流电流大于等于 30A)
输出电压电流采样更新周期	≤200ms
限压特性	稳流状态运行时,直流输出电压超过整定值,自动限值输出电压增加,转为稳压状态
限流特性	稳压状态运行时,直流输出电流超过整定值,自动限值输出电流增加,转为稳流状态
启动输入冲击电流	≤110%额定输入电流
启动输出电压过冲	≤4%整定值
启动输出电流过冲	不大于当前整定值的 5%(设定电流大于等于 30A 时); 不大于 1.5A(设定电流小于 30A 时)
输出电流响应时间	不大于 1s(电流变化值小于等于 20A); 不大于 $\Delta I/20$s(电流变化值大于 20A)
效率	≥90%(4kW≤输出功率≤10kW);≥94%(10kW<输出功率≤20kW)
自泄放特性	模块关机后,直流输出电压应在 1s 内降到 48V 以下
防反灌特性	直流输出具备防止反向电流的二极管
保护特性	
输入欠压保护	AC 270V±10V(欠电压时告警并关机,电压恢复正常后保持关机,由上位机控制输出)

项目	性能参数
输入过压保护	AC 490V±10V(过电压时告警并关机,电压恢复正常后保持关机,由上位机控制输出)
输入缺相保护	具备(缺相时告警并关机,电压恢复正常后保持关机,由上位机控制输出)
输入过流保护	具备(熔断器)
输入防雷保护	±5kA
输出过压保护	DC 765V±5V(过电压时告警并关机,重新上电恢复)
输出过流保护	具备输出侧短路回收特性(过电流时告警并关机,故障电流消失后保持关机,由上位机控制输出)
过温保护	75℃±2℃(过温时告警并关机,温度恢复正常后保持关机,由上位机控制输出)
急停保护	具备(外部12V电源开入,低电平运行,高电平关机)
风扇故障保护	具备(风扇故障时告警并关机,重新上电恢复)
接地保护电阻	≤0.1Ω
绝缘性能	
绝缘电阻	输入对外壳、输出对外壳、输入对输出、输入对通信、输出对通信:1000V,不小于100MΩ。通信对外壳:500V,不小于100MΩ
介质强度	输入对外壳、输出对外壳、输入对输出、输入对通信、输出对通信:DC 3500V,1min。通信对外壳:DC 1400V,1min
冲击耐压	输入对外壳、输出对外壳、输入对输出:±6kV
其他特性	
外壳防护等级	IP20
噪声	≤60dB
电磁兼容	静电放电抗扰度:GB/T 17626.2—2018《电磁兼容　试验和测量技术　静电放电抗扰度试验》,3级; 射频电磁场辐射抗扰度:GB/T 17626.3—2016《电磁兼容　试验和测量技术　射频电磁场辐射抗扰度试验》,3级; 电快速瞬变脉冲群抗扰度:GB/T 17626.4—2018《电磁兼容　试验和测量技术　电快速瞬变脉冲群抗扰度试验》,3级; 浪涌(冲击)抗扰度:GB/T 17626.5—2019《电磁兼容　试验和测量技术　浪涌(冲击)抗扰度试验》,3级; 射频场感应的传导骚扰抗扰度:GB/T 17626.6—2017《电磁兼容　试验和测量技术　射频场感应的传导骚扰抗扰度》,3级; 工频磁场抗扰度:GB/T 17626.8—2006《电磁兼容　试验和测量技术　工频磁场抗扰度试验》,4级; 电压暂降、短时中断抗扰度:GB/T 17626.11—2008《电磁兼容　试验和测量技术　电压暂降、短时中断和电压变化的抗扰度试验》; 传导发射限值:GB 4824—2019《工业、科学和医疗设备　射频骚扰特性限值和测量方法》中表2~表6的要求; 辐射发射限值:GB 4824—2019《工业、科学和医疗设备　射频骚扰特性限值和测量方法》中表6、表7的要求

项目	性能参数
散热方式	风冷,前进风,后出风
通信方式	1路,CAN2.0B,125kbit/s,电气隔离

六、充电连接终端

充电连接终端简称充电枪,60kW一机一枪充电桩常规标配一套充电枪,电缆线径为 $2\times50mm^2+1\times25mm^2+2\times4mm^2+2P(2\times0.75mm^2)+2P(6\times0.75)mm^2$,枪线最大充电额定电流为160A,标配长度不小于5m,具体参数详见表2-16。充电枪具备充电锁止功能、温控功能等,能够实时为充电后台提供数据。

表 2-16　　　　　60kW一机一枪充电桩充电连接终端技术参数表

代号	通用器件名称	器件技术参数	备注
XT	充电连接终端（直流充电连接装置）	充电接口：GB/T 20234.3—2015。 额定电压：750V。 额定电流：160A。 动力线：50mm²。 辅助电源线：4mm²。 BMS通信线、温度采样线、电子锁控制及反馈线：0.75mm²。 温度传感器：PT1000,正负极柱各1个。 电子锁控制：DC 12V正反向脉冲控制,正向脉冲锁止,反向脉冲解锁。 电子锁状态信号：NO（电子锁断开）。 脉冲宽度：≤50ms。 电子锁寿命：>10万次。 具备应急解锁功能	充电电缆外露长度：5m。 充电电缆护套颜色：黑色

第二节　主流充电桩设备二（120kW一机二枪）

一、基本概况

120kW一机二枪充电桩设备分为一体式与分体式两类。两类直流充电设备的充电控制器、充电模块、开关模块、计费控制单元等部件的功能性能、接口定义、元件结构尺寸等均统一规范，可实现相同部件兼容互换。

1. 120kW 一体式一机二枪充电桩设备

120kW 一体式一机二枪充电桩设备外形和人机操作位置尺寸合理方便。充电桩壳体常采用 2.0mm 冷轧钢板，表面喷塑处理，防护等级 IP54，其外观如图 2-6 所示。一体式充电系统配置 2 个 250A 直流充电连接装置，设备柜体最大可提供 8 个充电模块安装仓位置，适用额定功率 120～160kW 充电需求。标准配置 8 个 15kW 充电模块，配置 2 个四进两出开关模块，实现动态功率分配功能，最小分配功率为 15kW。内置直流电能表和计费控制单元，具备计量计费和充电控制功能，具备双枪同时为 1 辆或 2 辆车充电功能，其电气原理主电路拓扑如图 2-7 所示。

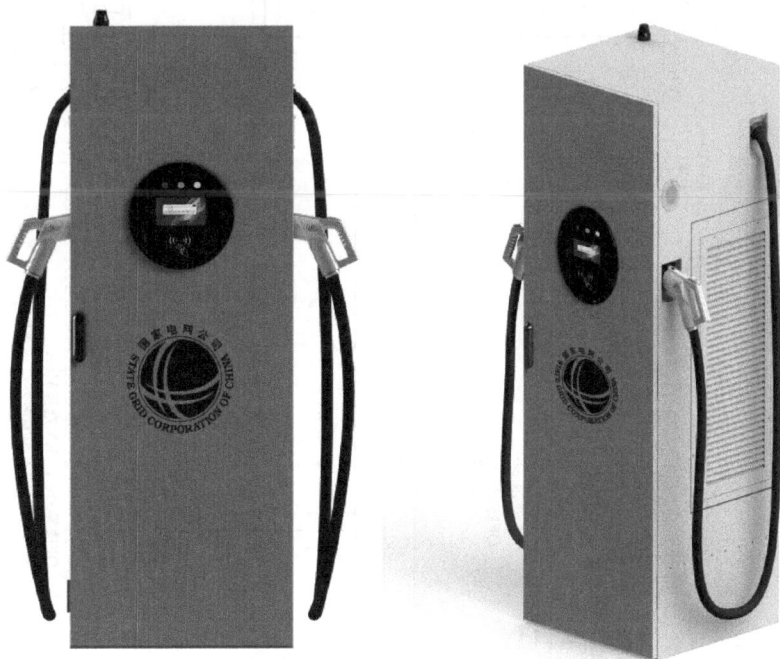

图 2-6　120kW 一体式一机二枪充电桩外观图

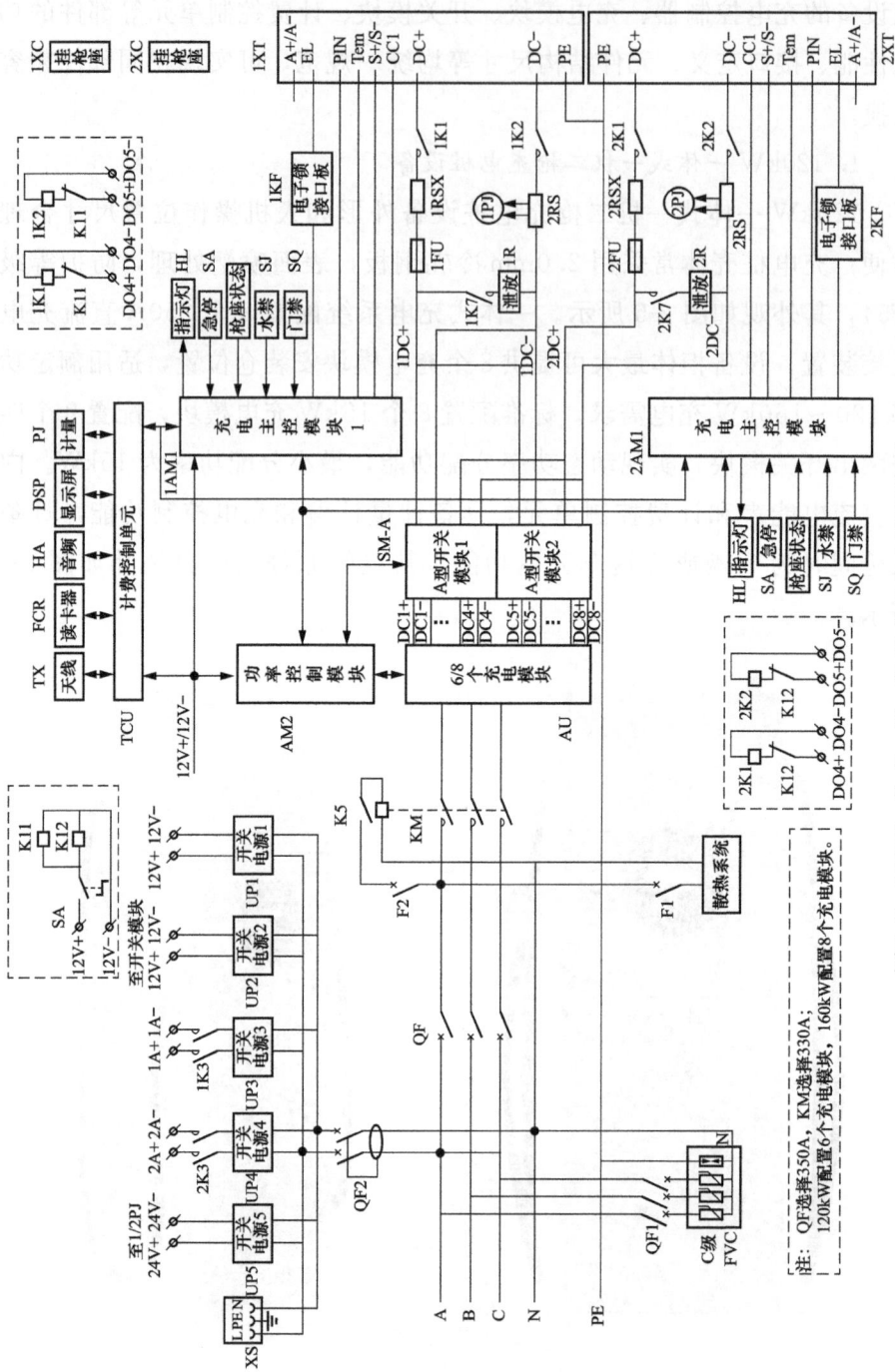

图 2-7 120kW一体式一机二枪充电机主电路拓扑图

2. 120kW 分体式一机二枪充电桩设备

120kW 分体式一机二枪充电桩设备外形和人机操作位置尺寸合理方便。充电桩壳体常采用 2.0mm 冷轧钢板，表面喷塑处理，防护等级 IP54，其外观如图 2-8 所示。分体式充电桩由 1 台整流柜和 2 台充电桩组成，分体式充电系统配置 2 个 250A 直流充电连接装置，整流柜体最大可提供 8 个充电模块安装仓位，适用额定功率 120～160kW 充电需求。标准配置 8 个 15kW 充电模块，配置 2 个四进两出开关模块，实现动态功率分配功能，最小分配功率为 15kW。内置直流电能表和计费控制单元，具备计量计费和充电控制功能，具备双枪同时为 1 辆或 2 辆车充电功能，其电气原理主电路拓扑如图 2-9 所示。

图 2-8　120kW 分体式一机二枪充电桩外观图

二、通用器件技术参数

120kW 一机二枪充电桩通用器件的技术参数及代号见表 2-17。

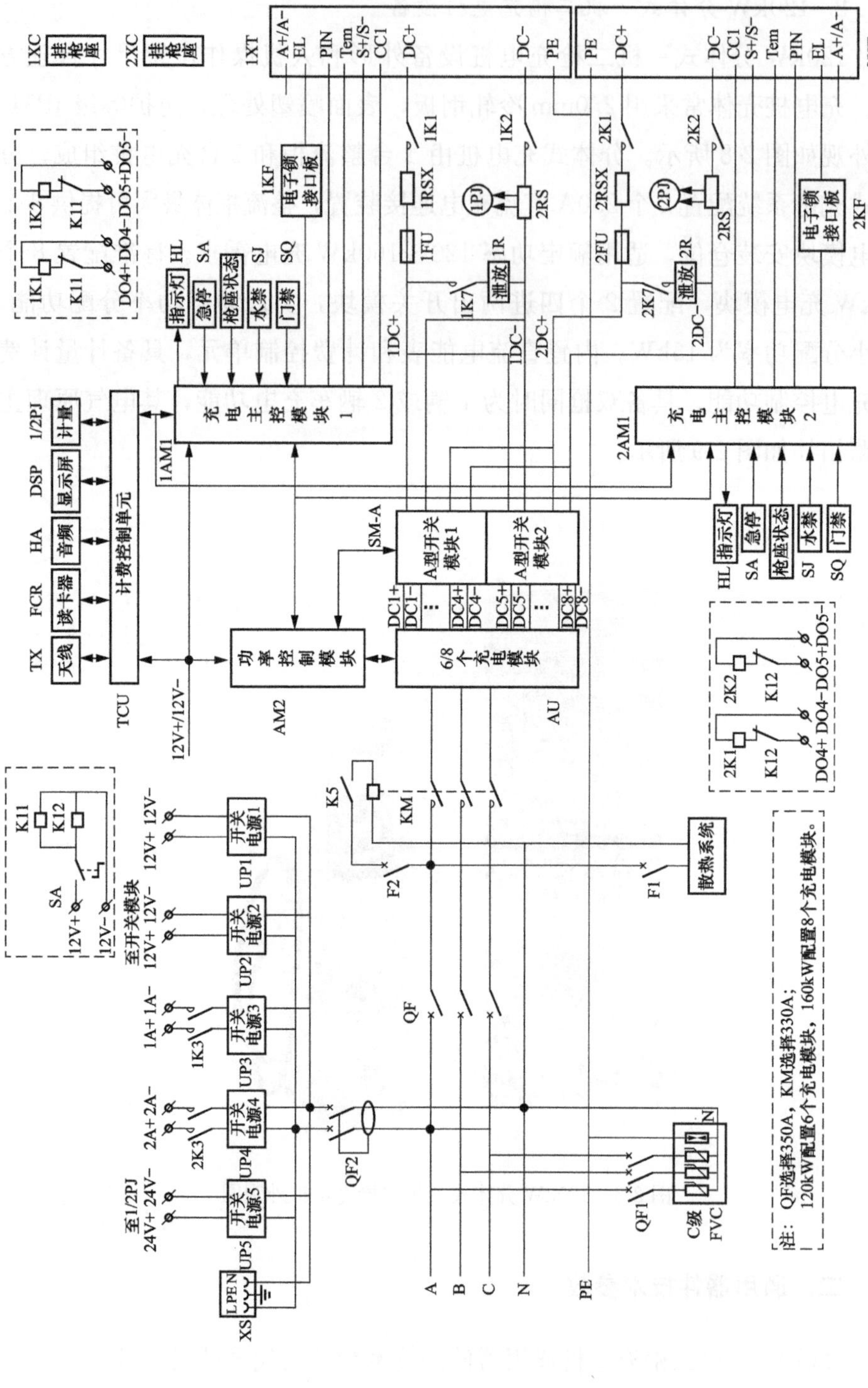

图 2-9　120kW分体式一机二枪充电机主电路拓扑图

表 2-17　　　　　120kW 一机二枪充电桩通用器件技术参数表

序号	代号	通用器件名称	器件技术参数	备注
1	QF	进线塑壳断路器	额定工作电压：AC 400V。 额定工作电流：350A。 极数：3P。 额定短路分断能力：≥35kA。 过载脱扣类型：复式脱扣器。 报警触点：NO（正常状态）。 机械寿命：10000 次	
2	KM	交流主接触器	额定工作电压：AC 380V。 额定工作电流：330A。 极数：3P。 线圈额定控制电源：AC 220V。 辅助触点：NO（分断状态）	
3	FVC	防雷器	保护模式：3P+1。 最大持续运行电压：L-N，385V；N-PE，255V。 标称放电电流：20kA。 最大放电电流：40kA。 电压保护水平 U_p：<1.5kV。 报警信号：NO（正常状态）	C 级防雷
4	QF1	防雷断路器	额定工作电压：AC 400V。 额定工作电流：40A。 极数：3P。 额定短路分断能力：6kA。 瞬时脱扣类型：C 型。 机械寿命：10000 次	
5	QF2	微型漏电断路器	额定电压：AC 400V。 额定电流：16A。 剩余电流保护器：AC 型。 额定漏电动作电流：30mA。 极数：2P。 额定短路分断能力：6kA。 瞬时脱扣类型：C 型。 机械寿命：10000 次	辅助开关电源断路器
6	F1，F2	微型断路器	额定电压：AC 400V。 额定电流：16A。 极数：1P。 额定短路分断能力：6kA。 瞬时脱扣类型：C。 机械寿命：10000 次	F1：散热系统断路器。 F2：交流主接触器控制断路器

续表

序号	代号	通用器件名称	器件技术参数	备注
7	UP1～UP4	辅助开关电源	输入电压范围：AC 220V±20%。 频率：47～63Hz。 输出：12V/10A。 安装方式：平板	
8	UP5	电能表开关电源	输入电压范围：AC 220V±20%。 频率：47～63Hz。 输出：24V/1A。 安装方式：平板	
9	1FU，2FU	直流熔断器	额定工作电流：300A。 额定工作电压：750V。 分断能力：50kA。 告警触点：NO（正常状态）	
10	RSX	直流分流器	输入额定电流：300A。 准确度：0.2级	用于测量
11	RS	直流分流器	输入额定电流：300A。 准确度：0.2级	用于计量
12	PJ	直流电能表	工作电源：DC 24V。 参比电流：300A/75mV。 参比电压：700V。 准确度等级：1.0级。 通信方式：2路RS485。 通信协议：按照国网充电设备招标规范。 结构尺寸：160mm（长）×112mm（宽）×58mm（厚）。 电压电流采样采用四线制，不共地	
13	K1，K2	直流接触器	额定工作电压：DC 750V。 额定工作电流：300A。 线圈工作电压：DC 9～36V。 机械寿命：10万次。 电气寿命：≥1000次（负载电压750V，负载电流250A；1s通，9s断；阻性负载）。 辅助触点：1NO（分断状态）	
14	K3	辅助电源继电器	线圈额定电压：DC 12V。 主触点负载（阻性）：DC 30V/20A。 主触点形式：2NO	

序号	代号	通用器件名称	器件技术参数	备注
15	K5	交流主接触器控制继电器	线圈额定控制电源：DC 12V。 触点形式：1NO。 阻性负载：AC 250V/10A。 感性负载：AC 250V/5A	
16	K11，K12	中间控制继电器	线圈额定控制电源：DC 12V。 触点形式：2NC。 阻性负载：DC 30V/5A。 感性负载：DC 30V/1.5A	
17	K7	泄放继电器	额定工作电压：DC 750V。 额定工作电流：10A。 线圈工作电压：额定 DC 9～36V。 机械寿命：10 万次。 电气寿命：≥1000 次（负载电压 750V，负载电流 10A；1s 通，9s 断，阻性负载）	
18	R	泄放电阻	功率等级：200W/75Ω。 外形尺寸：不大于 180mm×70mm×40mm	
19	XC	充电枪座	带充电枪归位指示触点。 触点形式：NO（充电枪未归位）	
20	TX	组合天线	天线形式：双模 GPS/BDS＋LTE。 安装方式：M12 螺钉固定。 防护等级：IP67	
21	HL	状态指示灯	待机指示灯：绿色。 充电指示灯：红色。 告警指示灯：黄色	
22	HA	音频	工作电压：DC 12V。 输出功率：3W。 频率响应：20Hz～20kHz	
23	SA	急停按钮	额定工作电压：AC 220V。 额定工作电流：5.5A。 机械寿命：旋转 20 万次。 电气寿命：旋转 10 万次。 操作部件形状：圆形。 触动形式：快动型触点。 按钮形式：旋转复位蘑菇钮。 直径：φ22。 触点形式：4NO	

序号	代号	通用器件名称	器件技术参数	备注
24	XS	电源插座	额定电压：AC 250V。 额定电流：10A。 宽度：36mm。 安装方式：导轨安装。 安装方向：垂直安装	
25	SQ	门禁开关	额定电压：220V。 额定电流：5A。 工作行程：3.5mm。 超行程：1mm。 输出触点：NO（打开状态）	
26	SJ	水浸报警器	额定电压：DC 12V。 输出触点：NO（正常状态）	

三、直流充电控制器

120kW 一机二枪配置两套直流充电控制器，每套直流充电控制器由充电主控模块和功率控制模块两部分组成。每套充电主控模块电气接口包括充电连接控制导引、BMS 通信、直流侧采样与控制等；每套功率控制模块电气接口包括交流侧采样与控制、充电模块通信及散热系统控制等。两枪电气回路具备母联功能时，两套充电控制器系统之间可以实现双机桥接控制功能。单套直流充电控制器技术内容详见本章第一节。

四、计费控制单元

120kW 一机二枪共配置两套计费控制单元，每枪独立配置一套，两套分别独立计费。单套计费控制单元技术内容详见本章第一节。

五、功率模块配置

标准配置 8 个充电模块位置，采用 15kW 充电模块，额定输出功率为 120kW；采用 20kW 充电模块，最大输出功率为 160kW。输出电压范围 200～750V，恒功率输出可分 330～500V 和 500～750V 两阶，具备输入欠电压保护、输入过电压保护、输入过电流保护、输入防雷保护、输入三相不平衡保护、输入短路保护、急停保护、过温保护、风扇故障保护等功能。常用15kW/20kW功率模块性能指标见表2-15。

六、充电连接终端

120kW一机二枪充电桩常规标准配置两套充电枪，电缆线径为 $2\times80mm^2+1\times25mm^2+2\times4mm^2+2P(2\times0.75mm^2)+2P(6\times0.75)mm^2$，单根枪线最大充电额定电流为250A，标配长度不小于5m，具体参数见表2-18。充电枪具备充电锁止功能、温控功能等，能够实时为充电后台提供数据。

表 2-18　　　　120kW一机二枪充电桩充电连接终端技术参数表

代号	通用器件名称	器件技术参数	备注
XT	充电连接终端（直流充电连接装置）	充电接口：GB/T 20234.3—2015。 额定电压：750V。 额定电流：250A。 动力线：80mm²。 辅助电源线：4mm²。 BMS通信线、温度采样线、电子锁控制及反馈线：0.75mm²。 温度传感器：PT1000，正负极柱各1个。 电子锁控制：DC 12V正反向脉冲控制，正向脉冲锁止，反向脉冲解锁。 电子锁状态信号：NO（电子锁断开）。 脉冲宽度：≤50ms。 电子锁寿命：>10万次。 具备应急解锁功能	充电电缆外露长度：5m。 充电电缆护套颜色：黑色

第三节　主流充电桩设备三（320kW一机二枪）

一、基本概况

320kW一机二枪充电桩设备由充电控制系统、整流及功率传输系统、智能温度监测及冷却散热系统三大核心系统组成。

320kW一机二枪充电桩设备外形和人机操作位置尺寸合理方便。充电桩壳体常采用 2.0mm 冷轧钢板，表面喷塑处理，防护等级 IP54，其外观如图 2-10 所示。320kW 一体式充电系统配置 2 个 500A 直流充电连接装置，设备柜体最大可提供 16 个充电模块安装仓位，内部结构如图 2-11 所示。标准配置 16 个 20kW 充电模块，配置 2 个四进两出开关模块，实现动态功率分配功能，最大分配功率为 20kW。内置直流电能表和计费控制单元，具备计量计费和充电控制功能。具备双枪同时为 1 辆或 2 辆车充电功能，其电气原理主电路拓扑如图 2-12 所示。

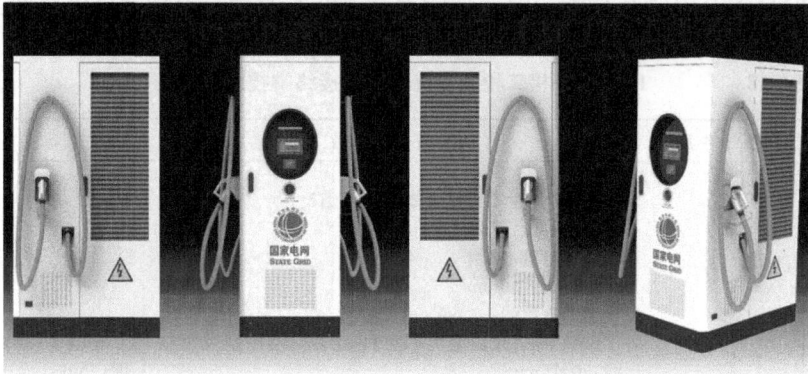

图 2-10　320kW 一机二枪充电桩外观图

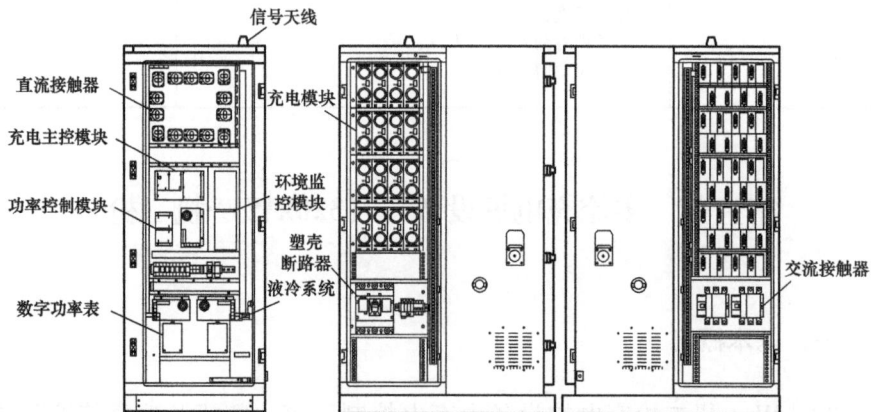

图 2-11　320kW 一机二枪充电桩内部结构图

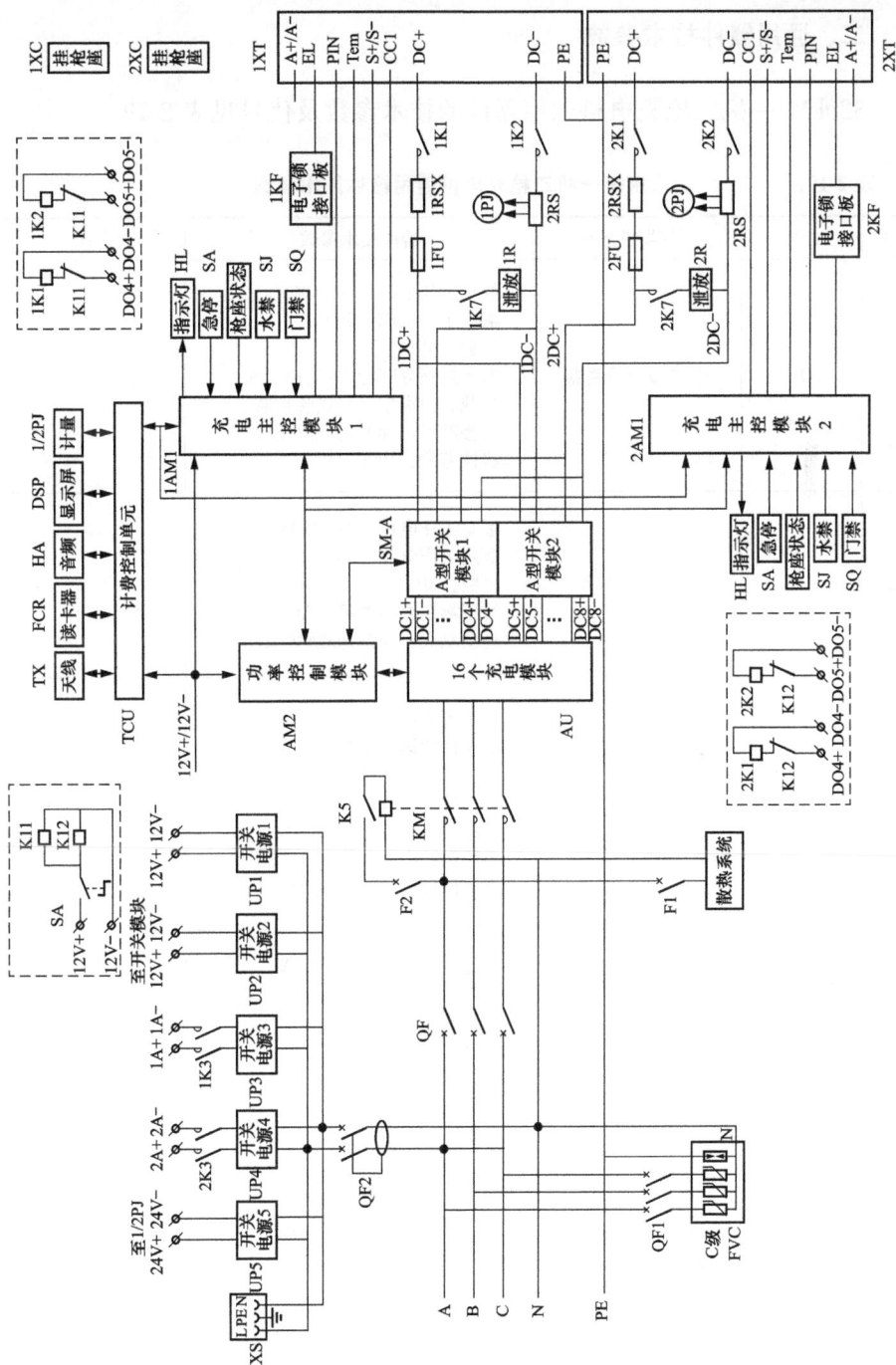

图 2-12 320kW一体式一机二枪充电机主电路拓扑图

37

二、通用器件技术参数

320kW 一机二枪充电桩通用器件的技术参数及代号见表 2-19。

表 2-19　　　　320kW 一机二枪充电桩通用器件技术参数

序号	代号	通用器件名称	器件技术参数	备注
1	QF	进线塑壳断路器	额定工作电压：AC 400V。 额定工作电流：500A。 极数：3P。 额定短路分断能力：≥35kA。 过载脱扣类型：复式脱扣器。 报警触点：NO（正常状态）。 机械寿命：10000 次	
2	KM	交流主接触器	额定工作电压：AC 380V。 额定工作电流：500A。 极数：3P。 线圈额定控制电源：AC 220V。 辅助触点：NO（分断状态）	
3	FVC	防雷器	保护模式：3P+1。 最大持续运行电压：L-N，385V；N-PE，255V。 标称放电电流：20kA。 最大放电电流：40kA。 电压保护水平 U_p：<1.5kV。 报警信号：NO（正常状态）	C 级防雷
4	QF1	防雷断路器	额定工作电压：AC 400V。 额定工作电流：40A。 极数：3P。 额定短路分断能力：6kA。 瞬时脱扣类型：C 型。 机械寿命：10000 次	
5	QF2~QF4	微型漏电断路器	额定电压：AC 400V。 额定电流：16A。 剩余电流保护器：AC 型。 额定漏电动作电流：30mA。 极数：2P。 额定短路分断能力：6kA。 瞬时脱扣类型：C 型。 机械寿命：10000 次	QF2：辅助开关电源断路器。 QF3，QF4：直流充电桩辅助电源断路器

序号	代号	通用器件名称	器件技术参数	备注
6	F1，F2	微型断路器	额定电压：AC 400V。 额定电流：16A。 极数：1P。 额定短路分断能力：6kA。 瞬时脱扣类型：C。 机械寿命：10000 次	F1：散热系统断路器。 F2：交流主接触器控制断路器
7	UP1、UP2、UP3	辅助开关电源	输入电压范围：AC 220V±20%。 频率：47～63Hz。 输出：12V/10A。 安装方式：平板	
8	K5	交流主接触器控制继电器	线圈额定控制电源：DC 12V。 触点形式：1NO。 阻性负载：AC 250V/10A。 感性负载：AC 250V/5A	
9	XS	电源插座	额定电压：AC 250V。 额定电流：10A。 宽度：36mm。 安装方式：导轨安装。 安装方向：垂直安装	
10	SQ	门禁开关	额定电压：220V。 额定电流：5A。 工作行程：3.5mm。 超行程：1mm。 输出触点：NO（打开状态）	
11	SJ	水浸报警器	额定电压：DC 12V。 输出触点：NO（正常状态）	

三、充电控制系统

320kW 一机二枪充电桩设备充电控制系统主要包括两套直流充电控制器和两套计费控制单元。单套直流充电控制器技术、单套计费控制单元技术内容详见本章第一节。

四、整流及功率传输系统

320kW 一机二枪充电桩设备整流及功率传输系统主要包括整流功率模

块和直流电力电缆两部分。

1. 整流功率模块配置

320kW 一机二枪充电桩设备标准配置 16 个 20kW 充电模块，20kW 功率模块性能指标见表 2-15，装机额定总输出功率为 320kW。

输出电压范围 200～1000V 连续可调，恒功率输出 300～1000V，具备输入欠电压保护、输入过电压保护、输入过电流保护、输入防雷保护、输出过电压、欠电压、过负荷、短路、漏电保护、自检、温控联动功能等。每台直流充电桩自带 APF 单元用以实现谐波的控制，补偿后功率因数达到 0.97 以上。

2. 直流电力电缆

320kW 一机二枪充电桩设备直流传输功率较大，其直流动力电缆额定电压直流 1000V，额定电流 500A。

（1）该配套直流电力电缆满足 GB/T 12706.1—2008《额定电压 1kV（U_m＝1.2kV）到 35kV（U_m＝40.5kV）挤包绝缘电力电缆及附件　第 1 部分：额定电压 1kV（U_m＝1.2kV）和 3kV（U_m＝3.6kV）电缆》中的规定。导体结构、直流电阻符合 GB/T 3956—2008《电缆的导体》、GB/T 2951—2008（所有部分）《电缆和光缆绝缘和护套材料通用试验方法》、GB/T 3048—2007（所有部分）《电线电缆电性能试验方法》、GB/T 6995—2008（所有部分）《电线电缆识别标志》、GB/T 18380—2008（所有部分）《电缆和光缆在火焰条件下燃烧试验》的规定。

（2）该配套直流电力电缆使用特性如下：

1）额定电压直流 1kV。

2）电缆导体的最高额定温度为 90℃。

3）短路时（最长持续时间不超过 5s）电缆导体最高温度不超过 250℃。

4）敷设电缆时的环境温度不低于 0℃，可用于沟、槽、桥架、直埋等方式，电缆正确使用时其工作寿命不小于 30 年。

5）电缆敷设时允许的最小弯曲半径见表 2-20。

表 2-20　　　　　　　　　　　**直流电力电缆最小弯曲半径**

项目	单芯电缆		多芯电缆	
	无铠装	有铠装	无铠装	有铠装
安装时电缆最小弯曲半径	20D	15D	15D	12D

注　D 为电缆外径。

五、智能温度监测及冷却散热系统

320kW 一机二枪充电桩设备直流传输功率较大，采用的液冷充电终端最大充电电流达 500A，在大电流充电过程中产生大量的热量，随着充电枪插头与汽车插座接触处及充电枪电缆温度升高，热阻增加，就会降低充电电流，从而降低充电效率，并且绝缘材料和触头长期在高温下工作，会加速电缆和触头的老化，使液冷充电终端整体使用寿命降低。液冷充电终端头的接触件温度上升还会影响到被充电汽车的安全，随着温度的升高有引起火灾风险。因此，大功率液冷充电终端智能温度监测及冷却散热至关重要。

320kW 一机二枪充电桩设备智能温度监测及冷却散热系统主要集成于液冷充电终端上，该功能包括智能温度监测及冷却散热两大部分。

1. 智能温度监测

在液冷充电终端内部，温度采样点共 4 组，8 个采样点，采用 PT1000 温度传感器，传感器安装位置如图 2-13 所示。其中 T1、T2 为充电回路的主要发热点，充电机需要根据 T1、T2 温度调节电流的输出。由于液冷充电终端的塑胶件耐热温度为 125℃，液冷线缆的耐热温度为 105℃，当 T1、T2 温度大于等于 95℃，充电机减低电流输出；当 T1、T2 温度大于等于 105℃，充电机告警停机。T3、T4 检测冷却液出液、回液的温度，并根据两者温差 Δt 监控判断冷却循环是否有效。

2. 冷却散热

大功率液冷充电终端车辆插头触头布置如图 2-14 所示，充电接口采用 7 针设计，充电电缆为 7 芯电缆，其中需要液冷冷却的为 DC＋和 DC-两条直流动力电缆，成品液冷充电终端如图 2-15 所示。

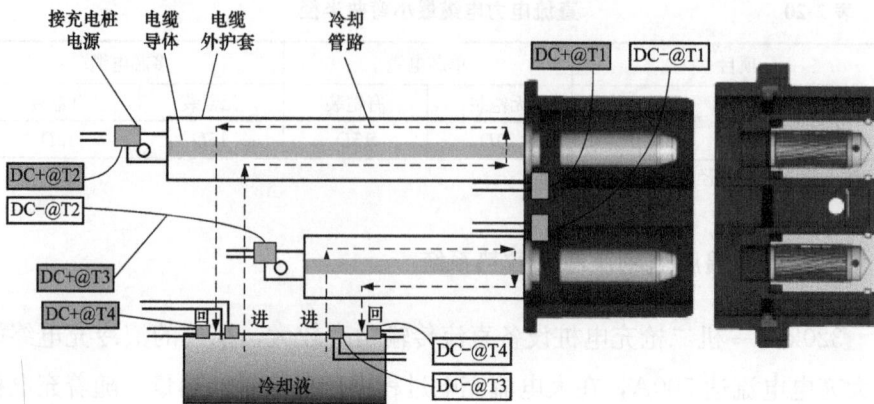

图 2-13　液冷充电终端内部温度监控示意

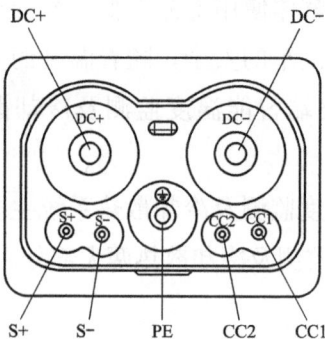

图 2-14　液冷充电终端车辆插头触头布置图

图 2-15　液冷充电终端

　　液冷连接终端按照冷却介质分，有油冷、水冷两种类型；按照冷却介质布置方式分，有铜包液、液包铜两种类型；按照冷却通道布置方式分，有电液分离、电液不分离两种类型。整个液冷连接终端由液冷充电枪、液冷电缆、冷却液、油箱、泵和散热器等多个部分组成，标配长度不小于5m，具体参数见表 2-21。冷却液选择用油冷，绝缘油，冷载热，相对较少，黏度较大，但安全可靠，整体使用环境温度−20～50℃，液冷连接终端系统如图 2-16 所示。

表 2-21　　　　　　320kW 一机二枪充电桩充电连接终端技术参数表

代号	通用器件名称	器件技术参数	备注
XT	大功率液冷充电终端（直流充电连接装置）	输出电压：DC 200～1000V 连续可调。 输出功率：320kW。 输出接口：GB/T 20234.3 国际接口，500A×2 双枪液冷。 稳压精度：≤±0.3%。 稳流精度：≤±0.5%。 整机效率：≥94%。 通信接口：CAN/RS485/以太网/4G。 工作温度：-25～50℃。 工作湿度：5%～95%。 工作噪声：<65dB。 待机功耗：≤$n×50$W（n 为枪口数量）。 防护等级：IP54。 显示屏：分体桩 7 寸真彩显示屏。 计量：1 枪 1 表，直流侧 1.0 级 698 三位小数计量。 充电方式：App、VIN 码、刷卡、密码、平台充电方式。 辅助电源：DC 12V/24V 切换	充电电缆外露长度：5m。 充电电缆护套颜色：黑色

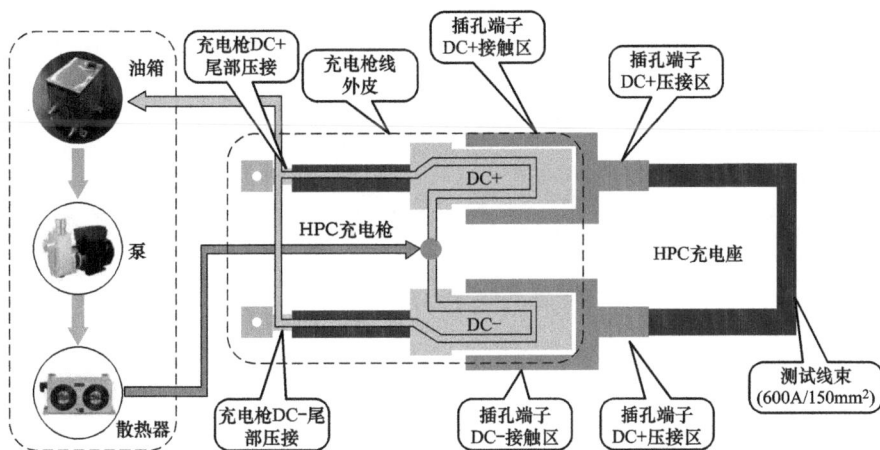

图 2-16　液冷连接终端系统图

第三章

设备安装
与调试

　　充电站建设工程主要包括土建和电气两部分实施项，而充电设备安装与调试包含在电气施工中，若单独阐述，略显抽象与突兀，缺乏系统性和完整性，为了更系统地说明充电桩主体的安装与调试过程，本章讲述的现场安装等内容以充电站整体建设为背景，内容同时涉及供配电系统、验收等方面，既方便读者理解，也更加符合项目实施整体性。

第一节　设备新装与调试

一、新装流程

充电桩安装调试流程如图 3-1 所示。

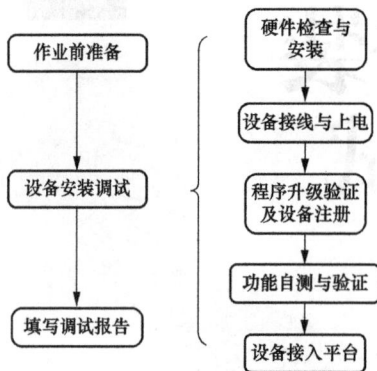

图 3-1　充电站新装流程图

二、到货检验

1. 开箱验收

（1）到货开箱检验以供货商提供的装箱单为依据，清点到货数量，核对到货设备的名称、型号、规格等，鉴别货物的残损情况；核对其数量、技术文件和质量证明文件等，验证所开箱的设备是否符合规定的要求。

（2）开箱后，对所附的装箱单、图纸、说明书、质量证明文件等技术文件按规定收集。

（3）对于设备安装用的备品备件及专用工具，须经业主、供货商、施工单位等共同清点验收合格，并列出详细清单，由三方代表签字，备品备件交业主保管，专用工具由施工单位领用，工程竣工后交还业主。

（4）开箱后暂时不安装的设备要恢复原包装，任何人不得拿走包装物和衬垫物。

（5）对已开箱和未开箱的设备要加以明确的标识，并经常检查。

（6）设备开箱后，凡需返还设备供应商的专用包装物，由施工单位负责收集、清点、保管，并及时通知业主，由业主与供应商联系回收。

（7）开箱检验后产生的废弃包装物必须严格按业主的要求及时处理，以减少对周围环境的影响。

（8）易损件和易丢失的小型设备必须搬运至室内仓库妥善保管。

2. 设备外观检查

（1）桩体外观（表面要求光洁、不起泡、不龟裂、无掉漆生锈、操作使用说明等图标贴纸无破损、位置合理并无缺失）。

（2）各种门锁开关正常，桩体密封良好。

（3）充电桩柜内元器件可靠固定，充电枪头外壳、充电电缆外皮无破损。

3. 设备内部接线检查

（1）检查充电连接插头插针稳固可靠，未变形。

（2）检查充电桩电源线、通信线、急停控制线、天线两端头是否可靠连接。

（3）检查充电桩充电模块是否安装到位，模块端子可靠连接。

三、现场安装

现场土建施工基本完成，具备设备安装条件后，开始进行 10kV 配电装置、主变压器、400V 配电设备、充电设备等的安装工作，安装完成后进行安装调整、试验及相应的变配电系统的安装调试，充电设备的安装调试工作。

1. 安装施工程序

安装施工程序：箱式变压器安装→盘柜检查→电缆敷设及接线→充电设备安装→通电测试→模拟调试→竣工验收。

（1）一次设备安装工序：核对施工图→施工机具及施工现场准备→设备基础安装调整→设备安装就位→设备安装调整→设备试验→设备连线连接→设备基础刷漆及相序标识。

（2）二次设备安装工序：核对施工图→施工机具及施工现场准备→设备基础及电缆管预埋→电缆支架制作安装→二次屏柜、端子箱安装调整→电缆敷设→二次配线→二次回路检查。

（3）设备调试工序：核对施工图→试验仪器准备→保护装置试验调试→整组模拟试验。

（4）验收阶段工序：工程竣工技术资料验收→一、二次设备验收→整组联动试验→试运行→移交。

2. 安装要求

（1）充电设备基础施工和电气安装应符合设计图纸和安装说明的要求。

（2）充电设备安装应牢固，设备供电电缆型号、规格及主电路电缆的长度应符合设计要求，电缆敷设应符合现行国家标准 GB 50168—2018《电气装置安装工程　电缆线路施工及验收规范》的有关规定。二次回路应接线正确，接线端子应牢固，回路编号应正确、清晰；二次回路抗干扰措施应符合设计及产品技术文件的要求；二次接地应符合设计要求。

（3）充电设备安装好后电缆沟（管）应采用防火材料可靠封堵。

（4）充电设备安装高度应保证电气连接和人机交互操作方便，并采取必要的防盗、防撞、防恶意破坏措施。

（5）充电设备布置应预留设备维护检修空间。

（6）充电桩设备外壳应可靠接地。

四、设备接线与上电

根据电力规范相关要求进行充电设备三相动力电缆接线，接线完成后，进行上电前安全性测试，确保上电安全。

五、设备上电自测

1. 程序升级验证与设备注册

（1）TCU升级。首先确认 TCU 程序及内核程序版本，如果版本过低就需要升级到最新版本。

（2）主控板升级与充电参数设定确认。可设置每个充电机输出电压及电流，并可通过监控屏控制充电机状态。

（3）TCU 注册。本地区的计费模型后台必须配置完好。否则会造成注册码注册不成功，浪费注册码。

2. 基本功能自检与验证

（1）按下急停按钮后充电桩告警指示灯是否闪烁，松开后恢复正常。

（2）刷卡充电。在刷卡自测环节应对以下项目进行仔细测试：①交流接触器状态；②散热风机状态；③充电接口电子锁状态；④直流输出接触器状态；⑤核对车辆充电信息。

（3）App 支付功能（二维码和账号密码）充电。

六、设备接入平台

完成软件升级、设备注册和充电等功能自检测试后，即可向充电车联网平台申请联调接入，根据平台要求对充电桩进行多种支付方式充电测试，要求所有充电方式都能正常启动。

七、现场验收

充电站工程现场验收涉及多个方面，主要包括土建部分、供配电系统、充电系统、监控、消防、资料等部分，根据预验收（验收）记录表检查项并结合现场实际验收，详见附录，其中充电系统及充电桩设备验收同时应满足如下要求：

（1）交流充电桩竣工验收。

1）基本构成、外观和结构应符合现行行业标准 NB/T 33002.4—2018《电动汽车交流充电桩技术条件　第 4 部分：基本构成》及 NB/T 33002.5—2008《电动汽车交流充电桩技术条件　第 5 部分：充电站分类》的有关规定。

2）桩体宜在醒目位置标识操作说明文字及图形。

3）充电控制导引、通信、电子锁止、人机交互、计量、急停等功能，应符合现行行业标准 NB/T 33002.6—2018《电动汽车交流充电桩技术条件　第 6 部分：功能要求》的有关规定。

4）环境条件、电源要求、耐环境性能、电击防护、电气间隙和爬电距离、电气绝缘性能等性能参数，应符合现行行业标准 NB/T 33002.7—2018《电动汽车交流充电桩技术条件　第 7 部分：技术要求》的有关规定。

5）充电接口应符合现行国家标准 GB/T 20234.1—2015《电动汽车传导充电用连接装置　第 1 部分：通用要求》及 GB/T 20234.2—2015《电动汽车传导充电用连接装置　第 2 部分：交流充电接口》的有关规定。

6）交流充电桩与站级监控系统之间的通信协议宜符合现行行业标准 NB/T 33007—2013《电动汽车充电站/电池更换站监控系统与充换电设备通信协议》的有关规定。

7）交流充电桩的电能计量应符合现行国家标准 GB/T 28569—2012《电动汽车交流充电桩电能计量》的有关规定。

（2）直流充电桩（非车载充电机）竣工验收。

1）基本构成、外观和结构应符合现行行业标准 NB/T 33001—2018《电动汽车非车载传导式充电机技术条件》的有关规定。

2）桩体宜在醒目位置标识操作说明文字及图形。

3）充电控制、通信、人机交互、计量、保护和报警等功能应符合现行行业标准 NB/T 33001—2018《电动汽车非车载传导式充电机技术条件》的有关规定。

4）环境条件、电源要求、耐环境性能、电击防护、电气间隙和爬电距离、电气绝缘性能等性能参数，应符合现行行业标准 NB/T 33001—2018《电动汽车非车载传导式充电机技术条件》的有关规定。

5）充电接口应符合现行国家标准 GB/T 20234.1—2015《电动汽车传导充电用连接装置　第 1 部分：通用要求》和 GB/T 20234.3—2015《电动汽车传导充电用连接装置　第 3 部分：直流充电接口》的有关规定。

6）非车载充电机与电池管理系统之间的通信协议应符合现行国家标准 GB/T 27930—2015《电动汽车非车载传导式充电机与电池管理系统之间的

通信协议》的有关规定。

7）非车载充电机与站级监控系统之间的通信协议宜符合现行行业标准 NB/T 33007—2013《电动汽车充电站/电池更换站监控系统与充换电设备通信协议》的有关规定。

8）非车载充电机的电能计量装置应符合现行国家标准 GB/T 29318—2012《电动汽车非车载充电机电能计量》的有关规定。

9）充电设备的防雷接地应符合现行国家标准 GB/T 50065—2011《交流电气装置的接地设计规范》的有关规定。

上述提及的相关标准规范，如遇国家、行业发布新标准，则按最新版本执行。

八、设备投运

充电设备完成充电车辆网平台联调接入测试后，平台接入人员将充电站名称、经纬度、充电桩规格等信息录入平台，同时将充电桩由测试接入状态转为投运状态，用户可通过充电桩系统平台 App 查询充电桩使用信息。

第二节　设备迁改与调试

一、迁改流程

根据业主单位要求、施工基本工序并结合现场实际，现场实施步骤为设备拆除—土建部分—电气部分—消防及其附属设施施工。

二、停运

1. 充电设备停运

充电站迁改前，运维单位需根据利旧设备所属站点进行申请暂时停运或资产归属更改，确保设备拆除时不计入设备故障时长统计考核。

2. 配电设备停运

充电站迁改前，设备产权单位需对该站供配电设备（箱式变压器）申请停电销户，计划一般需提前一周，并至少提前 3 天通知拆除配合单位。

三、设备拆运

接到业主单位迁改通知后，设备迁改单位应立即响应，积极组织施工力量，提前准备吊机、叉车、挖机、验电等必要的施工机具及安全工器具。

（1）开工前与设备产权或运维单位现场负责人核对拆除设备，核对完成双方在清单上签字。

（2）依据拆除清单制订迁改计划，由业主向当地供电公司运检等有关部门上报 10kV 外线停电计划。

（3）停电顺序为先停负载侧、再停电源侧，停电完成后，需验明箱式变压器及设备确无电电压后方可开展拆除工作，高压验电应使用高压验电笔、绝缘手套等安全工器具。

（4）旧站设备及主电缆需利旧，设备拆除搬运时需特别小心，轻拿轻放，防止损坏、主电缆尽可能采取人工抽拉方式，抽拉前排查电缆敷设通道，采取有效隔离或导引措施，抽拉应循序渐进，禁止强拉强抽，并有专人实时观察抽拉过程，遇到问题应及时制止，防止电缆破皮，影响电缆绝缘性能；

（5）雨天拆除及搬运，应做好施工及设备材料防雨措施，特别是电缆拆除后，电缆两头应用胶布包裹；

（6）拆除设备统一放置在业主指定位置。

四、现场安装

安装的程序和要求和新装基本相同，除此之外，还有如下要求：

（1）利旧充电设备安装前应仔细检查外观情况，确保没有明显生锈、结构变形、漏水，配件损坏等现象，确保设备安全可靠，能正常使用，如有以上情况应及时告知业主单位。

（2）直流充电桩应牢固安装在充电设备基础上，内部接线牢固、整齐，有效接地，接地网干线、引线的连接交叉等部位应焊接牢固，并做防腐处理。

五、设备接线与上电

（1）设备接线前，需对电缆进行绝缘电阻测试，特别是利旧电缆应特别注意外观检查，防止有电缆外皮破损等情况，确保电缆安全可靠。

（2）接线完成后，应用万用表再次进行安全性测试，防止相间短路。

（3）进线端口封堵严密，挂电缆牌。

（4）上电调试前，检查相关设备内、外接地是否连接牢固可靠，设备内部温湿度情况满足设备通电要求。

六、设备上电自测

因充电桩利旧，在 TCU 无故障的情况下，一般无需重新注册，只需申请资产归属更换，同时也无需再进行车联网平台接入测试，如无特殊要求，只需完成上电待机状态检查及几种充电方式充电功能测试即可，因在拆运及安装过程中无法确保利旧设备不出问题，如遇此情况，应及时告知设备运维单位协调处理。

七、现场验收

现场验收对利旧设备内外部新旧程度可放宽要求，不作为重点检查项，主要以核对物资数量、检查设备待机状态及充电等基本功能为主，其他验收项目、要求和流程等和新建项目基本相同，验收通过后由公司营销部向业主单位移交项目，移交的内容包括资料移交和实物现场移交。项目组提供完整的项目完工资料、设备移交清单等。竣工资料和实物现场移交均需履行书面签字手续。

八、设备复运

充电站验收通过后，由业主或委托的运维单位向充电车辆网平台申请充电设施复运，需注意的是因同一个迁改新站可能由不同拆迁站的充电设备组成，原设备资产属性不同，需提前做好申请更改，确保所有设备资产属性均属于该站。

第四章

充电桩
现场检测

为了保障电动汽车充换电设施运行可靠、稳定，充电服务各项业务顺利开展，为电动汽车客户提供优质、高效的服务，有必要实施电动汽车充换电设施的现场检测服务工作。检测周期一般2～3年进行1次。

本章从检测服务工作的流程、直流充电桩的检测布置、交流充电桩的检测布置、直流充电桩的检测内容与相关要求、交流充电桩的检测内容与相关要求等方面进行介绍充电桩设备现场检测服务工作的开展。

开展的检测服务工作也是需要遵守现场安全作业的相关要求，因涉及的工作要求与充电桩的安装、调试、运维检修一致，详见第六章。

第一节　检　测　流　程

检测前需检查充电设备运行状况，在准备工作就绪，安全措施到位的情况下，按图4-1中所示的流程开展检测，检测完成后还需验证充电功能是否正常。

一般检测 ⇒ 功能检查 ⇒ 安全试验 ⇒ 性能试验 ⇒ 数据上传 ⇒ 出具报告

图 4-1　充电桩现场检测服务工作的工作流程

检测过程中如遇到设备故障，导致部分检测工作无法进行的情况，建议由运维单位完成故障处理后再次进行剩余部分的检测工作。

第二节　直流充电桩现场检测布置

直流充电桩现场检测过程中检测设备模拟充电车辆，配合直流负载对充电桩进行全面的检测，整体的检测设备布置如图4-2中所示。

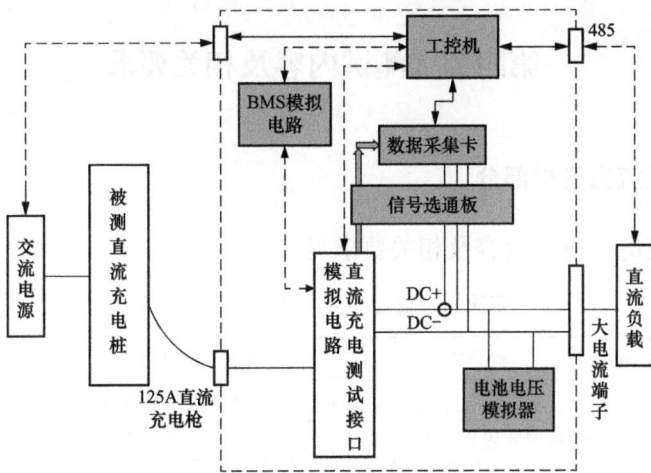

图 4-2 直流充电桩检测设备布置图

第三节 交流充电桩现场检测布置

交流充电桩现场检测过程中检测设备也是模拟充电车辆，配合交流负载对充电桩进行全面的检测，整体的检测设备布置如图 4-3 中所示。

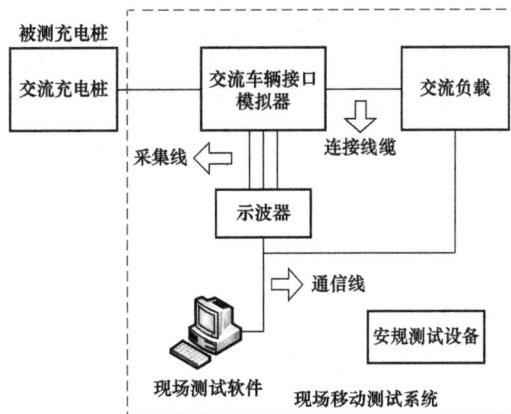

图 4-3 交流充电桩检测设备布置图

第四节　测试内容及相关要求

一、直流充电桩部分

直流充电桩测试内容及相关要求见表 4-1。

表 4-1　　　　　　　　　直流充电桩检测内容及相关要求一览

种类	项目名称	检修内容	检修技术要求	依据标准
柜体	外观检查	（1）检查充电桩（含充电连接装置）的外壳是否平整，有无凹凸痕、划伤、变形。 （2）检查充电桩的表面涂层。 （3）检查固体内部零部件的固定情况、有无锈蚀、毛刺、裂纹	（1）检查充电机（含充电连接装置）的外壳应平整，无明显凹凸痕、划伤、变形等缺陷。 （2）表面涂镀层应均匀，无脱落。 （3）内部零部件（包括连接装置内触头）应紧固可靠，无锈蚀、毛刺、裂纹等缺陷和损伤	NB/T 33008.1—2018《电动汽车充电设备检验试验规范　第 1 部分：非车载充电机》的 5.2.1
	内部检查	（1）检查充电设备进出线孔封堵情况。 （2）检查线缆安装状况。 （3）检查线缆绝缘有无老化、腐蚀和损伤痕迹，端子有无过热痕迹、火花放电痕迹。 （4）检查桩内有无异物	（1）检查充电设备进出线孔封堵情况，所有不借助专用工具可拆卸的门盖或外壳的进出线孔应良好封堵，无肉眼可见明显缝隙。 （2）检查线缆安装状况，充电设备内部电源进线、出线应布置整齐，并可靠固定，无表皮破损。 （3）充电设备输入输出线缆绝缘无老化、腐蚀和损伤痕迹，端子无过热痕迹，无火花放电痕迹。 （4）检查桩内应无异物；检查充电机散热口灰积异物	NB/T 33008.1—2018《电动汽车充电设备检验试验规范　第 1 部分：非车载充电机》的 5.2.1
	电缆管理及贮存检查	检查充电设备的车辆枪头贮存设备及电缆管理装置	（1）对于连接方式 C 车辆插头应存放在地面上方 0.5～1.5m 处。 （2）对采用长度超过 7.5m 的电缆的充电桩，检查在未使用时自由电缆长度应不超过 7.5m。 （3）对于车辆插头贮存装置与充电桩分离的产品，检查其产品说明书应有安装位置的相关说明	GB/T 18487.1—2015《电动汽车传导充电系统　第 1 部分：通用要求》的 10.6

种类	项目名称	检修内容	检修技术要求	依据标准
柜体	标志检查	检查充电桩铭牌位置和内容是否正确、完整；检查充电桩接线、接地及安全标志是否正确、完整	目测检查充电桩铭牌位置和内容的正确性与完整性，铭牌内容应符合 NB/T 33002—2018《电动汽车交流充电桩技术条件》中8.1.1 的规定。目测检查充电桩的接线、接地及安全标志的正确性与完整性。通过观察并用一块浸透蒸馏水的脱脂棉在约 15s 内擦拭 15 个来回，随后用一块浸透汽油的脱脂棉在约 15s 内擦拭 15 个来回，试验期间应用约 2N/cm² 的压力将脱脂棉压在标志上，试验后，标志仍应易于辨认	NB/T 33008.1—2018《电动汽车充电设备检验试验规范 第1部分：非车载充电机》的5.2.2
	基本构成检查	检查充电桩的组成部件	目测充电桩应由桩体、电气模块、计量模块等部分组成。桩体包括外壳和人机交互界面；电气模块包括充电插座、电缆转接端子排、安全防护装置等	Q/GDW 1592—2014《电动汽车交流充电桩检验技术规范》的5.2.1
	接地要求试验（可根据具体要求增加对整站接地的测试）	检查充电桩柜体外壳接地	（1）检查充电机金属壳体应设置接地螺栓，用量规或游标卡尺测量其直径不应小于 6mm，应有接地标志。 （2）检查充电机的门、盖板、覆板和类似部件，应采用保护导体将这些部件和充电机主体框架连接，用量规或游标卡尺测量保护导体的截面积不应小于 2.5mm²。	NB/T 33008.1—2018《电动汽车充电设备检验试验规范 第1部分：非车载充电机》的5.11

种类	项目名称	检修内容	检修技术要求	依据标准
柜体	接地要求试验（可根据具体要求增加对整站接地的测试）	检查充电桩柜体外壳接地	（3）通过电桥、接地电阻试验仪或数字式低电阻试验仪测量，充电机内任意应该接地的点至总接地之间的电阻不应大于0.1Ω，测量点不应少于3个，如果测量点涂敷防腐漆，需将防腐漆刮去，露出非绝缘材料后再进行试验，接地端子应有明显的标志。（4）检查充电机内部工作地与保护地应相互独立，应分别直接连接到接地导体（铜排）上，不应在一个接地线中串接多个需要接地的电气装置	NB/T 33008.1—2018《电动汽车充电设备检验试验规范　第1部分：非车载充电机》的5.11
	显示功能试验	检查设备指示灯，显示屏显示内容是否正常	（1）具备待机、充电、告警状态指示灯，其中待机为绿色、充电为红色、告警为黄色。（2）对具备手动设定功能的充电机，应显示手动输入信息。（3）对公用型充电机，显示电池当前电池的荷电状态（state of charge, SOC）、充电电压、充电电流、已充电时间、已充电电量、已充电金额。（4）充电机可显示或借助外部工具显示各状态下的相关信息，显示字符应清晰、完整，无缺损现象，可以不依靠环境光源即可辨认	Q/GDW 1591—2014《电动汽车非车载充电机检验技术规范》的5.5.1
	输入功能试验	进行充电桩充电测试	（1）对于具备输入功能的充电机，连接试验系统，设置充电机充电参数，检查充电机应能正确响应。（2）在充电过程中，模拟进行启停操作，检查充电机应能正确响应	Q/GDW 1591—2014《电动汽车非车载充电机检验技术规范》的5.3.4

种类	项目名称	检修内容	检修技术要求	依据标准
急停	急停功能	（1）检查充电机应安装急停装置，且具备防止误操作的防护措施。 （2）对于一体式充电机，将充电机连接试验系统，在充电过程中，模拟启动急停装置，检查应能同时切断充电机的动力电源输入和直流输出。 （3）对于分体式充电机，将充电机连接试验系统，在充电过程中，模拟启动急停装置，检查应能切断相应充电终端的直流输出	充电机连接负载，并设置在额定负载状态下运行，模拟下列情况之一，充电机应能在 200ms 内断开直流输出，且输出电压应在 1s 内降至 60V 以下。 （1）启动急停开关。 （2）与蓄电池管理系统通信故障。 （3）控制导引故障	Q/GDW 1591—2014《电动汽车非车载充电机检验技术规范》的 5.9.6
防盗保护试验	防盗保护试验	检查充电桩防盗措施	对于户外型充电机，检查其应具有防盗措施，如防盗锁和防盗螺钉等，且产品安装说明书中应有相关要求	NB/T 33008.1—2018《电动汽车充电设备检验试验规范　第 1 部分：非车载充电机》的 5.2.6
桩体	直接接触防护试验	检查充电桩防护性能	通过 IPXXC 试验试具进行试验，将试具推向充电机外壳的任何开口，试验用力（3±0.3）N，如试具能进入一部分或全部进入，应在每一个可能的位置上活动，但挡盘不得穿入开口，且不应触及危险带电部件	NB/T 33008.1—2018《电动汽车充电设备检验试验规范　第 1 部分：非车载充电机》的 5.9.1
	供电电压消失试验	试验系统模拟停电状态	（1）将充电机连接试验系统，在充电过程中，模拟交流供电停电，检查充电机应能在 1s 内将车辆接口电压降至 60V DC 以下。 （2）保持充电用连接装置处于完全连接状态，恢复对充电机的交流供电，检查充电机应不能继续本次充电且不能发送停电前的充电阶段报文	GB/T 18487.1—2015《电动汽车传导充电系统　第 1 部分：通用要求》的 B.4.3

种类	项目名称	检修内容	检修技术要求	依据标准
带电回路	绝缘电阻试验	检查直流充电桩非电气连接的各带电回路之间、各独立带电回路与地（金属外壳）之间的绝缘电阻	在直流充电桩非电气连接的各带电回路之间、各独立带电回路与地（金属外壳）之间的绝缘电阻不小于10MΩ	NB/T 33008.1—2018《电动汽车充电设备检验试验规范 第1部分：非车载充电机》的5.10.1
充电机模块	效率试验	使用负载检查充电机模块效率是否达标	充电机连接负载，设置在恒压状态下运行，输入额定电压，设定输出电压整定值为上限值，调整负载电流为20%～50%额定电流和50%～100%额定电流，分别测量充电机的输入有功功率和输出功率；调整充电机在恒流状态下运行，输入额定电压，设定输出电流整定值为额定值，在上、下限范围内改变输出电压整定值，再次测量充电机的输入有功功率和输出功率。充电机效率应满足Q/GDW 1233—2014《电动汽车非车载充电通用要求》中6.11的要求	Q/GDW 1591—2014《电动汽车非车载充电机检验技术规范》的5.6.9.1
充电机模块	功率因数	使用负载检查充电机模块功率是否达标	充电机连接负载，并设置在恒压状态下运行，输入额定电压，设定输出电压整定值为上限值，调整负载电流为20%～50%额定电流和50%～100%额定电流输出值，分别测量充电机的输入功率因数；调整充电机在恒流状态下运行，输入额定电压，设定输出电流整定值为额定值，在上、下限范围内改变输出直流电压整定值，再次测量充电机的输入功率因数。功率因数应满足Q/GDW 1233—2014《电动汽车非车载充电机通用要求》中6.11的要求	Q/GDW 1591—2014《电动汽车非车载充电机检验技术规范》的5.6.9.2

种类	项目名称	检修内容	检修技术要求	依据标准
充电机模块	限压特性试验	使用负载检查充电机模块限压特性是否正常	充电机连接负载，并设置在恒流状态下运行，调整负载使输出电压增加，当输出电压超过整定值时，充电机应能自动降低输出电流值，从而限制输出直流电压的增加；当输出电压回调到整定值以下时，充电机恢复恒流状态运行	Q/GDW 1591—2014《电动汽车非车载充电机检验技术规范》的5.6.7
	限流特性试验	使用负载检查充电机模块限流特性是否正常	充电机连接负载，并设置在恒压状态下运行，调整负载使输出电流增加，当输出电流超过整定值时，充电机应能自动降低输出电压值，从而限制输出直流电流的增加；当输出电流回调到整定值以下时，充电机恢复恒压状态运行	Q/GDW 1591—2014《电动汽车非车载充电机检验技术规范》的5.6.8
低压辅助电源	低压辅助电源试验	检查充电机，其应为电动汽车提供低压辅助电源，用于在充电过程中为电动汽车蓄电池管理系统供电	辅助电源推荐额定值： （1）A 模式：电压 12V±5%，电流 10A。 （2）B 模式：电压 24V±5%，电流 5A。 （3）纹波峰值系数均为±1%	Q/GDW 1591—2014《电动汽车交流充电桩检验规范》的5.8
充电桩	待机功耗试验	充电桩待机时的功耗	对于具备待机功能的充电机，连接试验系统，在额定输入电压下，启动待机功能，检查充电机的待机功耗不应大于 $N \times 50W$（注：N 为车辆接口数量）	NB/T 33008.1—2018《电动汽车充电设备检验试验规范 第 1 部分：非车载充电机》的5.13
柜门	开门保护试验	对具有维护门且门打开时可造成带电部位露出的充电机，连接试验系统，检查开门保护功能是否正常	（1）在充电前，打开充电机门，检查充电机应无法启动充电。 （2）对于一体式充电机，在充电过程中，模拟打开，检查充电机应同时切断动力电源输入和直流输出。 （3）对于分体式充电机，在充电过程中，模拟门打开，检查充电机应切断相应部分的电源输入或输出	NB/T 33008.1—2018《电动汽车充电设备检验试验规范 第 1 部分：非车载充电机》的5.4.6

种类	项目名称	检修内容	检修技术要求	依据标准
充电控制器	控制导引电压限值试验	将充电机连接试验系统，按照 GB/T 34657.1—2017《电动汽车传导充电互操作性测试规范 第1部分：供电设备》中 6.3.6 规定的方法进行试验，试验结果应符合对应的合格评判标准	（1）在充电前或者充电过程中，当检查点1的电压值在正常充电范围内时，充电机应允许充电或正常充电。（2）在充电前或者充电过程中，当检查点1的电压值超过标称值误差范围时，充电机应不允许充电或停止充电。（3）充电机发送中止充电报文中的结束充电原因应符合实际动作情况，且有告警提示	NB/T 33008.1—2018《电动汽车充电设备检验试验规范 第1部分：非车载充电机》的 5.15.3
	连接确认测试	检查充电机是否能通过测量检测点1的电压值判断车辆插头与车辆插座的连接状态，并进入对应的充电状态，通过测量监测点2的电压值，判断车辆插头内等效电阻 R_3 是否正常	对非车载充电机进行充电设置后，非车载充电机控制装置通过测量检测点1的电压值判断车辆插头与车辆插座是否已完全连接，当检测点1电压值为4V时，则判断车辆接口完全连接	GB/T 18487.1—2015《电动汽车传导充电系统 第1部分：通用要求》的 B.3.2
	自检阶段测试	检查充电机与车辆完全连接后充电机自检功能是否正常	（1）绝缘检测开始前，电池端电压（K1和K2外侧电压）小于10V。（2）车辆接口完全连接后，闭合K3和K4，使低压辅助供电回路导通（K1、K2、K3、K4等是充电桩电气回路中的不同接触器）。（3）闭合K1和K2，进行绝缘检测，绝缘检测时的输出电压应为车辆通信握手报文内的最高允许充电总电压和供电设备额定电压中的较小值。（4）绝缘检测完成后，将IMD（绝缘检测）以物理方式从强电回路中分离，并投入泄放回路对充电输出电压进行泄放，非车载充电机完成自检后断开K1和K2，同时开始周期发送通信握手报文	GB/T 18487.1—2015《电动汽车传导充电系统 第1部分：通用要求》的 B.3.3

续表

种类	项目名称	检修内容	检修技术要求	依据标准
充电控制器	充电准备就绪测试	检查充电机在车辆充电准备就绪时启动充电是否正常	非车载充电机控制装置检测到车辆端电池电压正常（确认接触器外端电压与通信报文电池电压误差范围不超过±5%，且大于充电机最低输出电压，且小于充电机最高输出电压）后闭合 K1 和 K2，使直流供电回路导通	GB/T 18487.1—2015《电动汽车传导充电系统　第1部分：通用要求》的 B.3.4
	充电阶段测试	在充电阶段，车辆控制装置向充电机控制装置实时发送电池充电需求参数，调整充电电流下降功能是否正常	在充电阶段，车辆控制装置向非车载充电机控制装置实时发送电池充电需求参数，调整充电电流下降时： （1）$\Delta I \leqslant 20A$，最长在 1s 内将充电电流调整到与命令值相一致。 （2）$\Delta I > 20A$，最长在 $\Delta I / dI_{min}$（dI_{min} 为最小充电速率，20A/s）内将充电电流调整到与命令值相一致。 （3）非车载充电机控制装置根据电池充电需求参数实时调整充电电压和充电电流。 （4）车辆控制装置和非车载充电机控制装置还相互发送各自的状态信息	GB/T 18487.1—2015《电动汽车传导充电系统　第1部分：通用要求》的 B.3.5
	正常充电结束测试	检查充电机在满足充电结束条件或收到充电中止报文时的充电结束是否正常	（1）车辆控制装置根据电池系统是否达到满充状态或是否收到"充电机中止充电报文"来判断是否结束充电。 （2）当达到操作人员设定的充电结束条件或收到电池管理系统中止充电报文后，非车载充电机控制装置周期发送"充电机中止充电报文"，并控制充电机停止充电以不小于 100A/s 的速率减小充电电流，当充电电流小于或等于 5A 时，断开 K1 和 K2。	GB/T 18487.1—2015《电动汽车传导充电系统　第1部分：通用要求》的 B.3.6

种类	项目名称	检修内容	检修技术要求	依据标准
充电控制器	正常充电结束测试	检查充电机在满足充电结束条件或收到充电中止报文时的充电结束是否正常	（3）当操作人员实施了停止充电命令后，非车载充电机控制装置开始周期发送"充电机中止充电报文"，并控制充电机停止充电在确认充电电流变为小于5A后断开K1、K2，并再次投入泄放回路，然后再断开K3、K4	GB/T 18487.1—2015《电动汽车传导充电系统 第1部分：通用要求》的B.3.6
	充电连接控制时序测试	检查充电机充电连接控制过程和间隔时间是否满足要求	充电机连接负载，在充电机启动握手、参数配置、正常充电及充电结束等阶段，对检测点1、A+A−、K1K2前端电压及输出电流等4项参数的波形进行监测记录，将结果与GB/T 18487.1—2015《电动汽车传导充电系统 第1部分：通用要求》中图 B.2 进行对比分析，判断其是否符合标准要求	GB/T 18487.1—2015《电动汽车传导充电系统 第1部分：通用要求》的B.5，GB/T 34657.1—2017《电动汽车传导充电互操作性测试规范 第1部分：供电设备》
	预充电功能试验	检查充电机预充电功能是否正常	将充电机连接试验系统，启动充电阶段，在 K5 和 K6 闭合前，模拟正常的车辆端电池电压（K1 和 K2 外侧电压与通信报文电池电压误差范围不超过±5%且在充电机正常输出电压范围内），闭合 K5 和 K6，检查充电机应在检测到正常的车辆端电池电压后，将 K1 和 K2 内侧输出电压调整到当前电池电压减去 1～10V，再闭合 K1 和 K2	NB/T 33008.1—2018《电动汽车充电设备检验试验规范 第1部分：非车载充电机》的5.3.6
	充电插头锁止功能测试	检查充电插头锁止功能是否正常	（1）通过检查检测点1电压值，并施加符合GB/T 20234.1—2015《电动汽车传导充电用连接装置 第1部分：通用要求》中6.3.2规定的拔出外力，检查机械锁止装置的有效性。	NB/T 33008.1—2018《电动汽车充电设备检验试验规范 第1部分：非车载充电机》的5.3.5

种类	项目名称	检修内容	检修技术要求	依据标准
充电控制器	充电插头锁止功能测试	检查充电插头锁止功能是否正常	（2）通过检查电子锁反馈信号变化和机械锁是否能操作，检查电子锁止装置对机械锁止装置的联锁效果。当电子锁未可靠锁止时，检查充电机应不允许充电。在整个充电过程中（包括绝缘自检），检查充电机电子锁止应可靠锁止，不允许带电解锁且不应由人手直接操作解锁。（3）模拟故障不能继续充电、充电完成时，检查在解除电子锁时车辆接口电压应降至 60V DC 以下。（4）检查电子锁装置应具备应急解锁功能	NB/T 33008.1—2018《电动汽车充电设备检验试验规范　第 1 部分：非车载充电机》的 5.3.5
	保护接地连续性试验	在充电过程中，检查充电机在失去保护接地导体电气连续性时能否正常停止充电	按照 GB/T 34657.1—2017《电动汽车传导充电互操作性测试规范　第 1 部分：供电设备》中 6.3.4.6 规定的测试方法进行试验，充电机应在 100ms 内断开 K1 和 K2，且电子锁解锁时车辆接口电压不应超过 60V DC	GB/T 34657.1—2017《电动汽车传导充电互操作性测试规范　第 1 部分：供电设备》的 6.3.4.6
	连接检测信号断开试验	在充电过程中，检查充电机连接检测信号断开时能否正常停止充电	按照 GB/T 34657.1—2017《电动汽车传导充电互操作性测试规范　第 1 部分：供电设备》中 6.3.4.3 规定的测试方法进行试验，充电机应在 100ms 内断开 K1 和 K2，且电子锁解锁时车辆接口电压不应超 60V DC	GB/T 34657.1—2017《电动汽车传导充电互操作性测试规范　第 1 部分：供电设备》的 6.3.4.3

种类	项目名称	检修内容	检修技术要求	依据标准
充电控制器	绝缘异常试验	充电机在充电前应能进行绝缘检查。当发生绝缘水平下降到要求值以下，充电机应不能立即启动输出并有告警提示	按照 GB/T 34657.1—2017《电动汽车传导充电互操作性测试规范　第1部分：供电设备》中6.3.4.5规定的方法进行模拟绝缘故障和绝缘异常，充电机绝缘检测误差不应超过±5%，选择绝缘电阻测试点，测试电压为充电机额定输出电压值，测试结果应符合 GB/T 18487.1—2015《电动汽车传导充电系统　第1部分：通用要求》中 B.4.1、B.4.2的规定	NB/T 33008.1—2018《电动汽车充电设备检验试验规范　第1部分：非车载充电机》的5.3.3
	通信中断试验	在充电过程中，检查充电机在通信超时时是否能停止充电，是否能进行三次握手辨识阶段的连接，且在重新连接成功后是否能正常充电	将充电机连接试验系统，按照 GB/T 34657.1—2017《电动汽车传导充电互操作性测试规范　第1部分：供电设备》中6.3.4.1规定的测试方法进行试验，检查充电机应能停止充电并发出告警提示	GB/T 34657.1—2017《电动汽车传导充电互操作性测试规范　第1部分：供电设备》的6.3.4.1
	低压辅助上电及充电握手阶段报文测试	测试系统模拟 BMS 的通信逻辑与被测充电机进行信息交互，主要针对本阶段的通信逻辑、CHM、CRM 报文	按照 GB/T 34658—2017《电动汽车非车载传导式充电机与电池管理系统之间的通信协议一致性测试》中7.5.1规定的测试方法进行测试，通信逻辑、CHM 报文、CRM 报文应符合 GB/T 27930—2015《电动汽车非车载传导式充电机与电池管理系统之间的通信协议》中9.1的规定	GB/T 34658—2017《电动汽车非车载传导式充电机与电池管理系统之间的通信协议一致性测试》的7.5.1，GB/T 27930—2015《电动汽车非车载传导式充电机与电池管理系统之间的通信协议》的9.1
	充电参数配置阶段报文测试	充电握手阶段完成后，充电机和 BMS 进入充电参数配置阶段。在此阶段，充电机向 BMS 发送充电机最大输出能力的报文，BMS 根据充电机最大输出能力判断是否能够进行充电	按照 GB/T 34658—2017《电动汽车非车载传导式充电机与电池管理系统之间的通信协议一致性测试》中7.5.2规定的测试方法进行测试，通信逻辑、CTS 报文、CML 报文、BRO 报文、CRO 报文应符合 GB/T 27930—2015《电动汽车非车载传导式充电机与电池管理系统之间的通信协议》中9.2的规定	GB/T 34658—2017《电动汽车非车载传导式充电机与电池管理系统之间的通信协议一致性测试》中的7.5.2，GB/T 27930—2015《电动汽车非车载传导式充电机与电池管理系统之间的通信协议》的9.2

种类	项目名称	检修内容	检修技术要求	依据标准
充电控制器	充电阶段报文测试	在整个充电阶段，BMS实时向充电机发送电池充电需求，充电机根据电池充电需求来调整充电电压和充电电流以保证充电过程正常进行。在充电过程中，充电机和BMS相互发送各自的充电状态	按照 GB/T 34658—2017《电动汽车非车载传导式充电机与电池管理系统之间的通信协议一致性测试》中 7.5.3 规定的测试方法进行测试，CCS 报文应符合 GB/T 27930—2015《电动汽车非车载传导式充电机与电池管理系统之间的通信协议》中 9.3 的规定	GB/T 34658—2017《电动汽车非车载传导式充电机与电池管理系统之间的通信协议一致性测试》的 7.5.3，GB/T 27930—2015《电动汽车非车载传导式充电机与电池管理系统之间的通信协议》的 9.3
	充电结束阶段报文测试	在此阶段 BMS 向充电机发送整个充电过程中的充电统计数据，包括初始 SOC、电池最低电压和最高电压；充电机收到 BMS 的充电统计数据后，向 BMS 发送整个充电过程中的输出电量，累计充电时间等信息，最后停止低压辅助电源的输出	按照 GB/T 34658—2017《电动汽车非车载传导式充电机与电池管理系统之间的通信协议一致性测试》中 7.5.4 规定的测试方法进行测试，通信逻辑、CSD 报文应符合 GB/T 27930—2015《电动汽车非车载传导式充电机与电池管理系统之间的通信协议》中 9.4 的规定	GB/T 34658—2017《电动汽车非车载传导式充电机与电池管理系统之间的通信协议一致性测试》的 7.5.4，GB/T 27930—2015《电动汽车非车载传导式充电机与电池管理系统之间的通信协议》的 9.4
TCU/电能表	计量工作误差	检查充电桩计量工作单位是否存在误差	按照 JJG 1149—2018《电动汽车非车载充电机检定规程》9.3 进行测试，计量工作误差应控制在规定误差限值的 60% 以内	JJG 1149—2018《电动汽车非车载充电机检定规程》的 9.3
	计量示值误差	检查充电桩计量示值是否存在误差	按照 JJG 1149—2018《电动汽车非车载充电机检定规程》9.4 进行测试，计量示值误差应控制在规定误差限值的 60% 以内	JJG 1149—2018《电动汽车非车载充电机检定规程》的 9.4
	计量付费金额误差	检查充电桩计量付费金额是否存在误差	按照 JJG 1149—2018《电动汽车非车载充电机检定规程》9.5 进行测试，计量付费金额误差应符合 JJG 1149—2018《电动汽车非车载充电机检定规程》5.3	JJG 1149—2018《电动汽车非车载充电机检定规程》的 9.5

种类	项目名称	检修内容	检修技术要求	依据标准
TCU/电能表	计量时钟误差	检查充电桩计量时钟是否存在误差	按照 JJG 1149—2018《电动汽车非车载充电机检定规程》9.6 进行测试，计量时钟误差应符合 JJG 1149—2018《电动汽车非车载充电机检定规程》5.4	JJG 1149—2018《电动汽车非车载充电机检定规程》的 9.6
	计量显示	检查充电桩的计量显示功能是否正常	（1）检查非车载充电机计量显示功能： 1）背光（参考相关标准）。 2）直流充电机电量显示单位应为 kWh，显示位数应不少于 6 位，至少含 3 位小数。 3）付费金额显示单位应为人民币元，显示位数应不少于 6 位，至少含有 2 位小数。 4）对具有分时计费功能的直流充电机，当前时刻显示分辨力至少 1s。 （2）充电起始显示： 1）直流充电机有多种计费方式或多种费率可供选择，在开始充电之前，应有明确的界面供用户选择计费方式、费率和费率时段。如果只有一种计费方式和费率，应有明确的界面告知用户计费方式、费率和费率时段。 2）充电开始时，显示本次总充电量、本次总付费金额、当前费率充电量、当前费率付费金额。 （3）充电过程显示：在充电过程中的任意时刻，直流充电机应能显示当时的计费方式、本次总充电量、本次总付费金额、当前费率、当前费率充电量、当前费率付费金额、当前时间、当前费率时段。	JJG 1149—2018《电动汽车非车载充电机检定规程》的 6.5

种类	项目名称	检修内容	检修技术要求	依据标准
TCU/电能表	计量显示	检查充电桩的计量显示功能是否正常	（4）充电结束显示：在充电结束时，应明确显示充电结束。应显示本次充电总充电量、本次充电总付费金额、本次充电中采用的每种费率、每种费率的起始和终止时间、每种费率充电量、每种费率付费金额，附加费用。 （5）状态显示：直流充电机应明确显示所处的状态，如工作状态、检测状态或编程状态。 （6）特殊显示：充电中断时，应按照充电结束的要求显示，并明确显示充电中断。 在检测状态和编程状态下，除工作状态下的显示之外，还应能显示直流充电机的总电量、总付费金额电压、电流、功率等信息	JJG 1149—2018《电动汽车非车载充电机检定规程》的6.5
TCU/充电控制器	充电桩信息检查	检查充电机显示数据与车联网平台显示数据是否一致	检查充电桩厂家编码、TCU软件主版本号、充电控制器软件版本、当前通信协议版本号、充电控制器软件日期、充电机最大输出电流、充电机最高输出电压等数据与车联网平台显示的相应数据一致	
TCU	人机交互功能检查	检查充电机人机交互功能是否正常	检查充电机的显示功能。充电机应能显示相关信息，显示字符清晰、完整，没有缺损。 （1）充电机应显示的信息：蓄电池类型、充电电压、充电电流、已充电时间、电能量计量信息；蓄电池单体最高/最低电压；故障及报警信息；在手动设定过程中应显示人工输入信息。 （2）充电机可显示的信息：蓄电池温度、设定参数、蓄电池单体电压等	

种类	项目名称	检修内容	检修技术要求	依据标准
TCU	控制充电功能试验	检查充电机控制充电功能是否正常	使用充电卡、账号或二维码方式，可以正确启动充电，充电中充电桩各界面显示的数据显示正常，符合计费控制单元与充电控制器通信协议规定	
	计费结算功能试验	检查充电机计费结算功能是否正常	通过设定固定金额的方式进行充电，检查充电桩是否能准确结算并显示。 检查账号密码异常或者余额不足时，充电桩界面是否有正确的提示	
	充电电量检查	检查充电机充电电量与平台是否一致	（1）检查电能表底值与车联网平台显示的电能表底值一致。 （2）检查电能表数据上送周期与平台设置一致。 （3）控制器采集的充电数据与电能表采集的充电数据相符，符合计费控制单元与充电控制器通信协议规定	
	充电卡在线充电交易试验	（1）检查充电桩使用充电卡能否正常启动充电。 （2）检查充电结算交易数据与车联网平台、e充电App上显示的结算数据是否一致，是否符合车联网平台通信规范	（1）充电桩使用充电卡进行启动充电。 （2）充电结算交易数据与车联网平台、e充电App上显示的结算数据一致，符合车联网平台通信规范	
	充电卡离线充电交易试验	（1）检查充电桩在离线状态下是否可以充电。 （2）检查离线状态产生的交易记录在充电桩上线后，是否能正常上送车联网平台，交易数据与车联网平台显示是否一致，是否符合车联网平台通信规范	（1）充电桩在离线状态下可以充电。 （2）离线状态产生的交易记录在充电桩上线后，能正常上送车联网平台，交易数据与车联网平台显示一致，符合车联网平台通信规范	

种类	项目名称	检修内容	检修技术要求	依据标准
TCU	充电卡解灰功能试验	（1）检查充电桩是否可以查询灰锁的充电卡，灰锁数据是否能够正常显示。 （2）检查是否可以正确解锁灰锁的充电卡，充电桩界面显示的解锁数据与车联网平台、e充电App上显示的解锁数据是否一致	（1）充电桩可以查询灰锁的充电卡，灰锁数据可正常显示。 （2）可以正确解锁灰锁的充电卡，充电桩界面显示的解锁数据与车联网平台、e充电App上显示的解锁数据保持一致	
	账号充电交易试验	检查账号充电结算交易数据与车联网平台、e充电App上显示的结算数据是否一致，是否符合车联网平台通信规范	检查账号充电结算交易数据与车联网平台、e充电App上显示的结算数据一致，符合车联网平台通信规范	
	扫码充电交易试验	检查扫码充电结算交易数据与车联网平台、e充电App上显示的结算数据是否一致，是否符合车联网平台通信规范	检查二维码充电结算交易数据与车联网平台、e充电App上显示的结算数据一致，符合车联网平台通信规范	
	非充电实时数据检查	检查充电桩非充电过程实时数据与车联网平台、e充电App上显示的是否一致，是否符合车联网平台通信规范	检查充电桩非充电过程实时数据与车联网平台、e充电App上显示的一致，符合车联网平台通信规范	
	充电实时数据检查	检查充电桩充电过程实时数据与车联网平台、e充电App上显示的是否一致，是否符合车联网平台通信规范	检查充电桩充电过程实时数据与车联网平台、e充电App上显示的一致，符合车联网平台通信规范	
	充电停机原因检查	充电桩充电时，检查启动前失败、启动中失败、充电中失败时的失败原因，以及交易记录中停机原因与车联网平台、e充电App上显示是否一致，是否符合车联网平台通信规范	充电桩充电时，检查启动前失败、启动中失败、充电中失败时的失败原因的与车联网平台、e充电App上显示的一致，符合车联网平台通信规范	

续表

种类	项目名称	检修内容	检修技术要求	依据标准
TCU	充电桩位置检查	检查充电桩位置是否与车联网平台显示的相应数据一致	检查充电桩位置与车联网平台显示的相应数据一致	
	充电桩维护功能检查	检查充电桩是否可以正确执行车联网平台下发的系统维护指令	检查充电桩可以正确执行车联网平台下发的系统维护指令	
	TCU软件版本检查	检查充电桩是否已安装国家电网最新版TCU软件且信号是否良好,是否符合车联网平台通信规范要求	检查充电桩已安装国家电网最新版TCU软件且信号良好,符合车联网平台通信规范要求	
	TCU信息检查	检查TCU的硬件信息、内存量、磁盘空间、CPU使用率指标是否与车联网平台显示的相应数据一致	检查TCU硬件信息、内存量、磁盘空间、CPU使用率指标与车联网平台显示的相应数据一致	
	SIM卡信息检查	检查充电桩内置的SIM卡网络规格、网络信号等级、网络制式、数据流量等信息是否与车联网平台显示的相应数据一致	检查充电桩内置的SIM卡网络规格、网络信号等级、网络制式、数据流量与车联网平台显示的相应数据一致	
	电价计费模型召测试验	检查充电桩本地存储的电价模型是否与车联网平台显示的相应数据一致	检查充电桩本地存储的电价模型与车联网平台显示的相应数据一致	
	服务费计费模型召测试验	检查充电桩本地存储的服务费模型是否与车联网平台显示的相应数据一致	检查充电桩本地存储的服务费模型与车联网平台显示的相应数据一致	
	时钟同步试验	检查充电桩上的时标是否与车联网平台显示的时标一致	检查充电桩上的时标与车联网平台显示的时标一致	
	黑名单全量更新试验	检查充电桩本地存储的黑名单全量更新结果是否与车联网平台全量更新的黑名单一致	检查充电桩本地存储的黑名单全量更新结果与车联网平台全量更新的黑名单一致	
	广告轮播功能检查	检查充电桩本地存储的广告内容、图片像素、个数、格式、轮播次序是否与车联网平台下发的一致	检查充电桩本地存储的广告内容、图片像素、个数、格式、轮播次序与车联网平台下发的一致	

种类	项目名称	检修内容	检修技术要求	依据标准
TCU	故障处理功能试验	充电桩出现异常时,检查充电桩停机流程时的数据是否合理,充电桩是否正确显示相应的故障信息,是否符合充电控制器故障信息处理技术要求	充电桩出现异常时,检查充电桩停机流程时的数据是否合理,检查充电桩能正确显示相应的故障信息,符合充电控制器故障信息处理技术要求	
	故障信息-急停按钮动作试验	充电机在待机、启动中、充电中、停机中时,模拟操作充电桩急停动作,使急停异常信号产生和恢复,检查充电桩与车联网平台、e充电App、巡检App故障传动是否一致	充电机在待机、启动中、充电中、停机中时,模拟操作充电桩急停动作,使急停异常信号产生和恢复,检查充电桩与车联网平台、e充电App、巡检App故障传动应一致	
	故障信息-门禁试验	充电机在待机、启动中、充电中、停机中时,模拟操作充电桩门被打开,使门禁故障信号产生和恢复,检查充电桩与车联网平台、e充电App、巡检App故障传动是否一致	充电机在待机、启动中、充电中、停机中时,模拟操作充电桩门被打开,使门禁故障信号产生和恢复,检查充电桩与车联网平台、e充电App、巡检App故障传动应一致	
	故障信息-充电接口电子锁试验	充电机在待机、启动中、充电中、停机中时,模拟操作电子锁锁止动作及解锁动作失败,使电子锁异常信号产生和恢复,检查充电桩与车联网平台、e充电App、巡检App故障传动是否一致	充电机在待机、启动中、充电中、停机中时,模拟操作电子锁锁止动作及解锁动作失败,使电子锁异常信号产生和恢复,检查充电桩与车联网平台、e充电App、巡检App故障传动应一致	
	故障信息-控制导引试验	充电机在启动中、充电中时,模拟操作车辆导引连接异常,检查充电桩与车联网平台、e充电App、巡检App故障传动是否一致	充电机在启动中、充电中时,模拟操作车辆导引连接异常,检查充电桩与车联网平台、e充电App、巡检App故障传动应一致	
	故障信息-充电枪未归位试验	充电桩待机时,模拟操作充电枪归位没有到位,检查充电桩与车联网平台、e充电App、巡检App故障传动是否一致	充电机待机时,模拟操作充电枪归位没有到位,检查充电桩与车联网平台、e充电App、巡检App故障传动应一致	

种类	项目名称	检修内容	检修技术要求	依据标准
TCU	故障信息-内外侧电压异常试验	充电机待机、启动时，模拟操作内外侧电压异常、内侧电压与外侧电压不符，检查充电桩与车联网平台、e充电App、巡检App故障传动是否一致	充电机在待机、启动时，模拟操作内外侧电压异常、内侧电压与外侧电压不符，检查充电桩与车联网平台、e充电App、巡检App故障传动应一致	
	故障信息-电池反接试验	充电桩启动充电阶段，模拟操作外侧电池反接，检查充电桩与车联网平台、e充电App、巡检App故障传动是否一致	充电机启动充电阶段，模拟操作外侧电池反接，检查充电桩与车联网平台、e充电App、巡检App故障传动应一致	
	故障信息-绝缘监测试验	充电桩启动阶段，模拟车辆绝缘性能降低，检查充电桩与车联网平台、e充电App、巡检App故障传动是否一致	充电机启动阶段，模拟车辆绝缘性能降低，检查充电桩与车联网平台、e充电App、巡检App故障传动应一致	
	故障信息-BMS通信核查	在充电中，模拟车辆BMS与控制器通信异常，检测充电桩与车联网平台、e充电App、巡检App故障传动是否一致	在充电中，模拟车辆BMS与控制器通信异常，检查充电桩与车联网平台、e充电App、巡检App故障传动应一致	
	输出功率变化响应试验	充电桩输出功率变化时，车辆需求电压、需求电流及充电桩直流输出电压和电流值应能正确上送车联网平台、e充电App，变化要求应符合非车载整车充电机采购标准技术规范	充电桩输出功率变化时，车辆需求电压、需求电流及充电桩直流输出电压和电流值应能正确上送车联网平台、e充电App，变化要求应符合非车载整车充电机采购标准技术规范	

二、交流充电桩部分

交流充电桩检测内容及相关要求见表4-2。

表 4-2 交流充电桩检测内容及相关要求一览表

种类	项目名称	检修内容	检修技术要求	依据标准
柜体	外观检查	（1）检查充电桩（含充电连接装置）的外壳是否平整，有无凹凸痕、划伤、变形。 （2）检查充电桩的表面涂层。 （3）检查固体内部零部件的固定情况、有无锈蚀、毛刺、裂纹	（1）充电桩（含充电连接装置）的外壳应平整，无明显凹凸痕、划伤、变形等缺陷。 （2）表面涂镀层应均匀，无脱落。 （3）零部件应紧固可靠，无锈蚀、毛刺、裂纹等缺陷和损伤	NB/T 33008.2—2018《电动汽车充电设备检验试验规范 第 2 部分：交流充电桩》的 5.2.1
	内部检查	（1）检查充电设备进出线孔封堵情况。 （2）检查线缆安装状况。 （3）检查线缆绝缘有无老化、腐蚀和损伤痕迹，端子有无过热痕迹、火花放电痕迹。 （4）检查桩内有无异物。 （5）检查内部积灰情况	（1）所有不借助专用工具可拆卸的门盖或外壳的进出线孔应良好封堵，无肉眼可见明显缝隙。 （2）充电设备内部电源进线、出线（包括接地线）应布置整齐，并可靠固定，无表皮破损。 （3）充电设备输入输出线缆绝缘无老化、腐蚀和损伤痕迹，端子无过热痕迹、无火花放电痕迹。 （4）充电桩内应无异物。 （5）进行除尘操作，保持内部的清洁	NB/T 33008.2—2018《电动汽车充电设备检验试验规范 第 2 部分：交流充电桩》的 5.2.1
	标志检查	检查充电桩铭牌位置和内容是否正确、完整；检查充电桩接线、接地及安全标志是否正确、完整	目测检查充电桩铭牌位置和内容的正确性与完整性，铭牌内容应符合 NB/T 33002—2018《电动汽车交流充电桩技术条件》中 8.1.1 的规定。目测检查充电桩的接线、接地及安全标志的正确性与完整性。通过观察并用一块浸透蒸馏水的脱脂棉在约 15s 内擦拭 15 个来回，随后用一块浸透汽油的脱脂棉在约 15s 内擦拭 15 个来回，试验期间应用约 2N/cm² 的压力将脱脂棉压在标志上，试验后，标志仍应易于辨认	NB/T 33008.2—2018《电动汽车充电设备检验试验规范 第 2 部分：交流充电桩》的 5.2.2

种类	项目名称	检修内容	检修技术要求	依据标准
整体	基本构成检查	检查充电桩的组成部件	目测充电桩应由桩体、电气模块、计量模块等部分组成。桩体包括外壳和人机交互界面；电气模块包括充电插座、电缆转接端子排、安全防护装置等	Q/GDW 1592—2014《电动汽车交流充电桩检验规范》的5.2.1
人机界面	显示功能试验	将充电桩连接试验系统，模拟待机状态、充电状态、故障状态等，检查充电桩的显示信息与设置状态应一致	（1）具备待机、充电、告警状态指示灯。 （2）对具备手动设定功能的充电桩，应显示手动输入信息。 （3）显示充电电压、充电电流、已充电时间、已充电电量、已充电金额。 （4）充电桩可显示或借助外部工具显示各状态下的其他相关信息，显示字符应清晰、完整，无缺损现象，可以不依靠环境光源即可辨认	Q/GDW 1592—2014《电动汽车交流充电桩检验技术规范》的5.5.1
	手动输入功能试验	对于具备输入功能的交流充电桩，检查充电桩是否对手动输入的相关参数进行正确响应	（1）连接试验系统，设置充电桩充电参数，充电桩应能正确响应。 （2）在充电过程中，模拟进行启停操作，充电桩应能正确响应	Q/GDW 1592—2014《电动汽车交流充电桩检验技术规范》的5.5.2
充电连接装置	电缆管理及贮存检查	检查充电设备的车辆枪头贮存设备及电缆管理装置	（1）对于连接方式C，检查充电桩在未使用时其车辆插头的贮存方式，车辆插头应存放在地面上方0.5～1.5m处。 （2）对采用长度超过7.5m的电缆的充电桩，检查在未使用时自由电缆长度应不超过7.5m。 （3）对于车辆插头贮存装置与充电桩分离的产品，检查其产品说明书应有安装位置的相关说明	GB/T 18487.1—2015《电动汽车传导充电系统　第1部分：通用要求》的10.6

种类	项目名称	检修内容	检修技术要求	依据标准
充电连接装置	充电连接方式检查	（1）检查充电桩采用的连接方式是否符合相关国标的规定。 （2）检查充电桩所配置的充电用连接装置是否符合相关国标的规定	（1）目测充电桩采用的连接方式应符合 GB/T 18487.1—2015《电动汽车传导充电系统 第1部分：通用要求》中 3.1 的规定，对于额定电流大于 32A 的充电桩时，检查应采用连接方式 C。 （2）目测充电桩所配置的充电用连接装置应具备符合 GB/T 20234.1—2015《电动汽车传导充电用连接装置 第1部分：通用要求》、GB/T 20234.2—2015《电动汽车传导充电用连接装置 第2部分：交流充电接口》的规定的证明材料，或者按照 GB/T 34657.1—2017《电动汽车传导充电互操作性测试规范 第1部分：供电设备》中 6.2 规定的方法对供电插座（连接方式 A 或连接方式 B）、车辆插头（连接方式 C）的结构尺寸、插头空间尺寸（连接方式 C）进行复核	NB/T 33008.2—2018《电动汽车充电设备检验试验规范 第2部分：交流充电桩》的 5.3.2
接地部件	电击防护试验（接地试验）	检查充电桩的接地是否满足安全要求	（1）充电桩金属壳体应设置接地螺栓，用量规或游标卡尺测量其直径不应小于 6mm，且有接地标志。 （2）充电桩的门、盖板、覆板和类似部件，应采用保护导体将这些部件和充电桩主体框架连接，用量规或游标卡尺测量保护导体的截面积不应小于 $2.5mm^2$。 （3）通过电桥、接地电阻试验仪或数字式低电阻试验仪测量，充电桩内任意应该接地的点与总接地之间的电阻不应大于 0.1Ω，测量点不应少于 3 个，如果测量点涂敷防腐漆，需将防腐漆刮去，露出非绝缘材料后再进行试验，接地端子应有明显的标志	NB/T 33008.2—2018《电动汽车充电设备检验试验规范 第2部分：交流充电桩》的 5.10.5

种类	项目名称	检修内容	检修技术要求	依据标准
带电回路	绝缘电阻试验	检查交流充电桩非电气连接的各带电回路之间、各独立带电回路与地（金属外壳）之间的绝缘电阻	在交流充电桩非电气连接的各带电回路之间、各独立带电回路与地（金属外壳）之间的绝缘电阻不小于10MΩ	NB/T 33008.2—2018《电动汽车充电设备检验试验规范　第2部分：交流充电桩》的5.11.1
急停	急停功能试验	（1）启动急停装置时，检查充电桩是否切断充电桩的动力电源输入。 （2）检查急停装置是否具备防止误操作的措施	（1）对于安装急停开关的充电桩，启动急停装置时，检查充电桩应切断充电桩的动力电源输入。 （2）急停装置应具备防止误操作的措施	NB/T 33008.2—2018《电动汽车充电设备检验试验规范　第2部分：交流充电桩》的5.3.8
电子锁	电子锁止装置试验	（1）检查采用连接方式B的充电桩是否安装电子锁止装置。 （2）检查电子锁止装置是否有效、与机械锁止装置是否具有联锁效果。 （3）检查电子锁止装置对充电的闭锁性、解锁条件	（1）对于采用连接方式B的充电桩，当充电桩额定电流大于16A时，目测供电插座应安装电子锁止装置。 （2）供电接口和/或车辆接口的机械锁止应有效，充电桩电子锁止应有效；电子锁止装置对机械锁止装置应具备联锁效果，机械锁止装置应不能被打开。 （3）当电子锁未可靠锁止时，充电桩应不允许充电。在整个充电过程中，充电桩电子锁止应可靠锁止，不允许带电解锁且不应由人手直接操作解锁。充电结束交流供电回路切断100ms后，充电桩可以解除电子锁	NB/T 33008.2—2018《电动汽车充电设备检验试验规范　第2部分：交流充电桩》的5.3.4
漏电保护装置	漏电保护试验	（1）检查充电桩是否具备独立的漏电保护装置。 （2）在充电过程中，模拟漏电超过保护阈值，检查充电桩是否立即切断交流供电回路。 （3）漏电保护装置是否符合A型或B型要求	（1）充电桩应具备独立的漏电保护装置（可以安装在充电桩外部）。 （2）在充电过程中，模拟漏电超过保护阈值，充电桩应立即切断交流供电回路。 （3）漏电保护装置应符合A型或B型要求	NB/T 33008.2—2018《电动汽车充电设备检验试验规范　第2部分：交流充电桩》的5.4.14

种类	项目名称	检修内容	检修技术要求	依据标准
充电控制器	控制电压限值试验	将充电机连接试验系统，按照 GB/T 34657.1—2017《电动汽车传导充电互操作性测试规范　第 1 部分：供电设备》中 6.3.6.1 规定的方法进行试验，试验结果应符合对应的合格评判标准	（1）在充电前或者充电过程中，当检查点 1 的电压值在正常充电范围内时，充电机应允许充电或正常充电。 （2）在充电前或者充电过程中，当检查点 1 的电压值超过标称值误差范围时，充电机应不允许充电或停止充电。 （3）充电机发送中止充电报文中的结束充电原因应符合实际动作情况，且有告警提示	GB/T 34657.1—2017《电动汽车传导充电互操作性测试规范　第 1 部分：供电设备》的 6.3.6.1
	连接确认测试	检查充电机是否能通过测量检测点 1 或检测点 4 的电压值判断车辆插头与车辆插座的连接状态，并进入对应的充电状态	（1）充电连接确认应符合 GB/T 18487.1—2015《电动汽车传导充电系统　第 1 部分：通用要求》中 A.3.2、A.3.4 的规定。 （2）在充电接口连接过程中，检测点 1 的电压值、PWM 信号、检测点 4 的电压值、连接状态、充电状态应符合规定。 （3）对于充电电流大于 16A 且采用连接方式 A 或者连接方式 B 的充电桩，在充电连接装置完全连接后交流供电回路导通前，供电接口电子锁应可靠锁止	GB/T18487.1—2015《电动汽车传导充电系统　第 1 部分：通用要求》的 A.3.2、A.3.4，GB/T 34657.1—2017《电动汽车传导充电操作性测试规范　第 1 部分：供电设备》的 6.4.2.1
	充电准备就绪测试	检查充电机在车辆充电准备就绪时启动充电是否正常	供电控制装置通过测量检测点 1 的电压值判断车辆是否准备就绪。当检测点 1 的峰值电压为 GB/T 18487.1—2015《电动汽车传导充电系统　第 1 部分：通用要求》表 A.4 中状态 3 对应的电压值时，则供电控制装置通过闭合接触器 K1 和 K2，使交流供电回路导通	GB/T 18487.1—2015《电动汽车传导充电系统　第 1 部分：通用要求》的 A.3.6，GB/T 34657.1—2017《电动汽车传导充电操作性测试规范　第 1 部分：供电设备》的 6.4.2.2

种类	项目名称	检修内容	检修技术要求	依据标准
充电控制器	启动和充电阶段测试	在充电过程中，检查充电桩是否能通过脉冲宽度调制（pulse width modulation，PWM）信号占空比告知其最大可供电能力	（1）启动和充电阶段应符合 GB/T 18487.1—2015《电动汽车传导充电系统 第1部分：通用要求》中 A.3.7、A.3.8 的规定。 （2）在充电阶段，检测点1的电压值、PWM 信号、充电状态应符合 GB/T 34657.1—2017《电动汽车传导充电操作性测试规范 第1部分：供电设备》表4的规定。 （3）在充电桩产生的占空比与充电电流限值关系应符合 GB/T 18487.1—2015《电动汽车传导充电系统 第1部分：通用要求》中 5.1 的相应规定。 （4）充电桩输出占空比应不超过其最大可供电能力。 （5）对于充电电流大于16A 且采用连接方式 A 或者连接方式 B 的充电桩，在充电连接装置完全连接后交流供电回路导通前，供电接口电子锁应可靠锁止	GB/T 18487.1—2015《电动汽车传导充电系统 第1部分：通用要求》的 A.3.7、A.3.8，GB/T 34657.1—2017《电动汽车传导充电操作性测试规范 第1部分：供电设备》的 6.4.2.3
	正常充电结束测试	检查充电机在满足充电结束条件或收到充电中止报文时的充电结束是否正常	（1）充电桩正常充电结束过程应符合 GB/T 18487.1—2015《电动汽车传导充电系统 第1部分：通用要求》中 A.3.9.2 的规定。 （2）充电结束后，对于充电电流大于16A 且采用连接方式 A 或连接方式 B 的充电桩，达到解锁条件，供电接口电子锁应能正确解锁	GB/T 18487.1—2015《电动汽车传导充电系统 第1部分：通用要求》的 A.3.9.2，GB/T 34657.1—2017《电动汽车传导充电操作性测试规范 第1部分：供电设备》的 6.4.2.4

种类	项目名称	检修内容	检修技术要求	依据标准
充电控制器	充电连接控制时序测试	检查充电机充电连接控制过程和间隔时间是否满足要求	利用车辆控制器模拟盒与被测充电桩进行通信，模拟充电接口连接状态、电池等，检查充电连接控制过程中检测点 1 的电压值、PWM 信号、充电状态、供电接口锁止状态（对于充电电流大于 16A 且采用连接方式 A 或连接方式 B）、充电状态转换的间隔时间。充电桩连接控制时序应符合 GB/T 18487.1—2015《电动汽车传导充电系统　第 1 部分：通用要求》中 A.4、A.5 的规定	GB/T 18487.1—2015《电动汽车传导充电系统　第 1 部分：通用要求》的 A.4、A.5，GB/T 34657.1—2017《电动汽车传导充电操作性测试规范　第 1 部分：供电设备》的 6.4.3
	CP 断线测试	在充电前和充电中，分别检查充电桩在充电控制信号（control pilot，CP）断线时是否能停止充电	（1）充电前出现该故障，充电桩中止充电过程应符合 GB/T 18487.1—2015《电动汽车传导充电系统　第 1 部分：通用要求》中 A.3.10.9 的规定，充电结束后，对于充电电流大于 16A 且采用连接方式 A 或连接方式 B 的充电桩，达到解锁条件，供电接口电子锁应能正确解锁。 （2）充电中出现该故障，充电桩中止充电过程应符合 GB/T 18487.1—2015《电动汽车传导充电系统　第 1 部分：通用要求》中 A.3.10.4 的规定，充电结束后，对于充电电流大于 16A 且采用连接方式 A 或连接方式 B 的充电桩，达到解锁条件，供电接口电子锁应能正确解锁	GB/T 18487.1—2015《电动汽车传导充电系统　第 1 部分：通用要求》的 A.3.10.9，GB/T 34657.1—2017《电动汽车传导充电操作性测试规范　第 1 部分：供电设备》的 6.4.4.2

种类	项目名称	检修内容	检修技术要求	依据标准
充电控制器	CP接地试验	在充电前和充电中，分别检查充电桩在CP接地时是否能停止充电	（1）充电前出现该故障，充电桩中止充电过程应符合 GB/T 18487.1—2015《电动汽车传导充电系统 第1部分：通用要求》中 A.3.10.9 的规定，充电结束后，对于充电电流大于16A且采用连接方式A或连接方式B的充电桩，达到解锁条件，供电接口电子锁应能正确解锁。 （2）充电中出现该故障，充电桩中止充电过程应符合 GB/T 18487.1—2015《电动汽车传导充电系统 第1部分：通用要求》中 A.3.10.4 的规定，充电结束后，对于充电电流大于16A且采用连接方式A或连接方式B的充电桩，达到解锁条件，供电接口电子锁应能正确解锁	GB/T 18487.1—2015《电动汽车传导充电系统 第1部分：通用要求》的 A.3.10.9，GB/T 34657.1—2017《电动汽车传导充电操作性测试规范 第1部分：供电设备》的6.4.4.3
	保护接地连续性丢失	在充电过程中，检查充电桩在失去保护接地导体电气连续性时是否能停止充电	（1）在充电中出现该故障，充电桩中止充电过程应符合 GB/T 18487.1—2015《电动汽车传导充电系统 第1部分：通用要求》中 5.2.1.2 的规定。 （2）充电结束后，对于充电电流大于16A且采用连接方式A或连接方式B的充电桩，达到解锁条件，供电接口电子锁应能正确解锁	GB/T 18487.1—2015《电动汽车传导充电系统 第1部分：通用要求》的 5.2.1.2，GB/T 34657.1—2017《电动汽车传导充电操作性测试规范 第1部分：供电设备》的6.4.4.4
	输出过电流保护	在充电过程中，检查充电桩在输出过电流时是否能停止充电	（1）在充电中出现该故障，充电桩中止充电过程应符合 GB/T 18487.1—2015《电动汽车传导充电系统 第1部分：通用要求》中 A.3.10.7 的规定。 （2）充电结束后，对于充电电流大于16A且采用连接方式A或连接方式B的充电桩，达到解锁条件，供电接口电子锁应能正确解锁	GB/T 18487.1—2015《电动汽车传导充电系统 第1部分：通用要求》的 A.3.10.7，GB/T 34657.1—2017《电动汽车传导充电操作性测试规范 第1部分：供电设备》的6.4.4.5

种类	项目名称	检修内容	检修技术要求	依据标准
充电控制器	断开开关S2试验	在充电过程中，检查充电桩在开关S2断开时是否能停止充电	（1）在充电中出现该故障，充电桩中止充电过程应符合GB/T 18487.1—2015《电动汽车传导充电系统　第1部分：通用要求》中A.3.10.8的规定。充电结束后，对于充电电流大于16A且采用连接方式A或连接方式B的充电桩，达到解锁条件，供电接口电子锁应能正确解锁。（2）在PWM持续输出时间内重新闭合开关S2时，充电桩应能导通交流供电回路；重新充电时，对于充电电流大于16A且采用连接方式A或连接方式B的充电桩，供电接口电子锁应能可靠锁止	GB/T 18487.1—2015《电动汽车传导充电系统　第1部分：通用要求》的A.3.10.8，GB/T 34657.1—2017《电动汽车传导充电操作性测试规范　第1部分：供电设备》的6.4.4.6
TCU/电能表	计量工作误差	检查充电桩计量工作单位是否存在误差	按照JJG 1148—2018《电动汽车交流充电桩检定规程》9.3条进行测试，计量工作误差应控制在规定误差限值的60%以内	JJG 1148—2018《电动汽车交流充电桩检定规程》的9.3
	计量示值误差	检查充电桩计量示值是否存在误差	按照JJG 1148—2018《电动汽车交流充电桩检定规程》9.4进行测试，计量示值误差应控制在规定误差限值的60%以内	JJG 1148—2018《电动汽车交流充电桩检定规程》的9.4
	计量付费金额误差	检查充电桩计量付费金额是否存在误差	按照JJG 1148—2018《电动汽车交流充电桩检定规程》9.5条进行测试，计量付费金额误差应符合JJG 1148—2018《电动汽车交流充电桩检定规程》5.3	JJG 1148—2018《电动汽车交流充电桩检定规程》的9.5
	计量时钟误差	检查充电桩计量时钟是否存在误差	按照JJG 1148—2018《电动汽车交流充电桩检定规程》9.6进行测试，计量时钟误差应符合JJG 1148—2018《电动汽车交流充电桩检定规程》5.4	JJG 1148—2018《电动汽车交流充电桩检定规程》的9.6

种类	项目名称	检修内容	检修技术要求	依据标准
TCU/ 电能表	计量显示	检查充电桩的计量显示功能是否正常	（1）充电桩应具备下列计量显示功能： 1）充电桩电量显示单位应为 kWh，显示位数应不少于 6 位，至少含 3 位小数； 2）付费金额显示单位应为人民币元，显示位数应不少于 6 位，至少含有 2 位小数； 3）对具有分时计费功能的充电桩，当前时刻显示分辨力至少 1s。 （2）充电起始显示： 1）充电桩有多种计费方式或多种费率可供选择时，在开始充电之前，应有明确的界面供用户选择计费方式、费率和费率时段。如果只有一种计费方式和费率，应有明确的界面告知用户计费方式、费率和费率时段。 2）充电开始时，显示本次总充电量、本次总付费金额、当前费率充电量、当前费率付费金额。 （3）充电过程显示：在充电过程中的任意时刻，充电桩应能显示当时的计费方式、本次总充电量、本次总付费金额、当前费率、当前费率充电量、当前费率付费金额、当前时间、当前费率时段。 （4）充电结束显示：在充电结束时，应明确显示充电结束。应显示本次充电总充电量、本次充电总付费金额、本次充电中采用的每种费率、每种费率的起始和终止时间、每种费率充电量、每种费率付费金额，附加费用	JJG 1149—2018《电动汽车非车载充电机检定规程》的 6.5

种类	项目名称	检修内容	检修技术要求	依据标准
TCU/电能表	充电电量检查	检查充电机充电电量与平台是否一致	（1）电能表底值与车联网平台显示的电能表底值应一致。 （2）电能表数据上送周期与平台设置应一致。 （3）充电控制器采集的充电数据与电能表采集的充电数据应相符，符合计费控制单元与充电控制器通信协议规定	
TCU/充电控制器	充电桩信息检查	检查充电机显示数据与车联网平台显示数据是否一致	充电桩厂家编码、TCU软件主版本号、充电控制器软件版本、当前通信协议版本号、充电控制器软件日期、充电机最大输出电流、充电机最高输出电压等数据应与车联网平台显示的相应数据一致	
	人机交互功能检查	检查充电机人机交互功能是否正常	检查充电机的显示功能。充电机应能显示相关信息，显示字符清晰、完整，没有缺损。 （1）充电机应显示的信息： 1）蓄电池类型、充电电压、充电电流、已充电时间、电能量计量信息； 2）蓄电池单体最高/最低电压； 3）故障及报警信息； 4）在手动设定过程中应显示人工输入信息。 （2）充电机可显示的信息：蓄电池温度、设定参数、蓄电池单体电压等	
	控制充电功能试验	检查充电机控制充电功能是否正常	使用充电卡、账号或二维码方式，应可以正确启动充电；充电中充电桩各界面显示的数据应显示正常，应符合计费控制单元与充电控制器通信协议规定	

种类	项目名称	检修内容	检修技术要求	依据标准
TCU/读卡器	充电卡在线充电交易试验	（1）检查充电桩使用充电卡能否正常启动充电。 （2）检查充电结算交易数据与车联网平台、e充电App上显示的结算数据是否一致，是否符合车联网平台通信规范	（1）充电桩使用充电卡应正常启动充电。 （2）充电结算交易数据与车联网平台、e充电App上显示的结算数据应一致，应符合车联网平台通信规范	
	充电卡离线充电交易试验	（1）检查充电桩在离线状态下是否可以充电。 （2）检查离线状态产生的交易记录在充电桩上线后，是否能正常上送车联网平台，交易数据与车联网平台显示是否一致，是否符合车联网平台通信规范	（1）充电桩在离线状态下可以正常充电。 （2）离线状态产生的交易记录在充电桩上线后，应能正常上送车联网平台，交易数据与车联网平台显示一致，符合车联网平台通信规范	
	充电卡解灰功能试验	（1）检查充电桩是否可以查询灰锁的充电卡，灰锁数据是否能够正常显示。 （2）检查是否可以正确解锁灰锁的充电卡，充电桩界面显示的解锁数据与车联网平台、e充电App上显示的解锁数据是否一致	（1）充电桩应可查询灰锁的充电卡，灰锁数据应能正常显示。 （2）可以正确解锁灰锁的充电卡，充电桩界面显示的解锁数据与车联网平台、e充电App上显示的解锁数据保持一致	
TCU	通信功能试验	搭建充电桩与上级监控系统的通信环境，检查充电桩是否能响应上级监控系统数据召唤和远程控制	在充电过程中，充电桩应能随时响应上级监控系统数据的召唤和远程控制	NB/T 33008.2—2018《电动汽车充电设备检验试验规范 第2部分：交流充电桩》的5.3.2
	计费结算功能试验	检查充电机计费结算功能是否正常	（1）通过设定固定金额的方式进行充电，充电桩应能准确结算并显示。 （2）账号密码异常或者余额不足时，充电桩界面应有正确的提示	
	账号充电交易试验	检查账号充电结算交易数据与车联网平台、e充电App上显示的结算数据是否一致，是否符合车联网平台通信规范	账号充电结算交易数据与车联网平台、e充电App上显示的结算数据应一致，并符合车联网平台通信规范	

种类	项目名称	检修内容	检修技术要求	依据标准
TCU	扫码充电交易试验	检查扫码充电结算交易数据与车联网平台、e充电App上显示的结算数据是否一致，是否符合车联网平台通信规范	扫码充电结算交易数据与车联网平台、e充电App上显示的结算数据应一致，并符合车联网平台通信规范	
	非充电实时数据检查	检查充电桩非充电过程实时数据与车联网平台、e充电App上显示的是否一致，是否符合车联网平台通信规范	充电桩非充电过程实时数据与车联网平台、e充电App上显示保持一致，并符合车联网平台通信规范	
	充电实时数据检查	检查充电桩充电过程实时数据与车联网平台、e充电App上显示的是否一致，是否符合车联网平台通信规范	充电桩充电过程实时数据与车联网平台、e充电App上显示保持一致，并符合车联网平台通信规范	
	充电停机原因检查	充电桩充电时，检查启动前失败、启动中失败、充电中失败时的失败原因，以及交易记录中停机原因与车联网平台、e充电App上显示是否一致，是否符合车联网平台通信规范	充电桩充电时，启动前失败、启动中失败、充电中失败时的失败原因，以及交易记录中停机原因应与车联网平台、e充电App上显示一致，并符合车联网平台通信规范	
	充电桩位置检查	检查充电桩位置是否与车联网平台显示的相应数据一致	充电桩位置应与车联网平台显示的相应数据一致	
	充电桩维护功能检查	检查充电桩是否可以正确执行车联网平台下发的系统维护指令	充电桩应正确执行车联网平台下发的系统维护指令	
	TCU软件版本检查	检查充电桩是否已安装国网最新版TCU软件且信号是否良好，是否符合车联网平台通信规范要求	充电桩应已安装国网最新版TCU软件且信号良好，并符合车联网平台通信规范要求	
	TCU信息检查	检查TCU的硬件信息、内存量、磁盘空间、CPU使用率指标是否与车联网平台显示的相应数据一致	TCU的硬件信息、内存量、磁盘空间、CPU使用率指标应与车联网平台显示的相应数据一致	

种类	项目名称	检修内容	检修技术要求	依据标准
TCU	SIM 卡信息检查	检查充电桩内置的 SIM 卡网络规格、网络信号等级、网络制式、数据流量等信息是否与车联网平台显示的相应数据一致	充电桩内置的 SIM 卡网络规格、网络信号等级、网络制式、数据流量等信息应与车联网平台显示的相应数据一致	
	电价计费模型召测试验	检查充电桩本地存储的电价模型是否与车联网平台显示的相应数据一致	充电桩本地存储的电价模型应与车联网平台显示的相应数据一致	
	服务费计费模型召测试验	检查充电桩本地存储的服务费模型是否与车联网平台显示的相应数据一致	充电桩本地存储的服务费模型应与车联网平台显示的相应数据一致	
	时钟同步试验	检查充电桩上的时标是否与车联网平台显示的时标一致	充电桩上的时标应与车联网平台显示的时标一致	
	黑名单全量更新试验	检查充电桩本地存储的黑名单全量更新结果是否与车联网平台全量更新的黑名单一致	充电桩本地存储的黑名单全量更新结果应与车联网平台全量更新的黑名单一致	
	广告轮播功能检查	检查充电桩本地存储的广告内容、图片像素、个数、格式、轮播次序是否与车联网平台下发的一致	充电桩本地存储的广告内容、图片像素、个数、格式、轮播次序应与车联网平台下发的一致	
	故障处理功能试验	充电桩出现异常时，检查充电桩停机流程时的数据是否合理，充电桩是否正确显示相应的故障信息，是否符合充电控制器故障信息处理技术要求	充电桩出现异常时，充电桩停机流程时的数据应合理，充电桩应正确显示相应的故障信息，并符合充电控制器故障信息处理技术要求	
	故障信息-急停按钮动作试验	充电桩在待机、启动中、充电中、停机中时，模拟操作充电桩急停动作，使急停异常信号产生和恢复，检查充电桩与车联网平台、e 充电 App、巡检 App 故障传动是否一致	急停动作后，充电桩与车联网平台、e 充电 App、巡检 App 故障传动应一致	

续表

种类	项目名称	检修内容	检修技术要求	依据标准
TCU	故障信息-门禁试验	充电桩在待机、启动中、充电中、停机中时，模拟操作充电桩门被打开，使门禁故障信号产生和恢复，检查充电桩与车联网平台、e 充电 App、巡检 App 故障传动是否一致	充电桩门打开后，充电桩与车联网平台、e 充电 App、巡检 App 故障传动应一致	
	故障信息-充电接口电子锁试验	充电桩在待机、启动中、充电中、停机中时，模拟操作电子锁锁止动作及解锁动作失败，使电子锁异常信号产生和恢复，检查充电桩与车联网平台、e 充电 App、巡检 App 故障传动是否一致	电子锁异常后，充电桩与车联网平台、e 充电 App、巡检 App 故障传动应一致	
	故障信息-控制导引试验	充电桩在启动中、充电中时，模拟操作车辆导引连接异常，检查充电桩与车联网平台、e 充电 App、巡检 App 故障传动是否一致	控制导引异常后，充电桩与车联网平台、e 充电 App、巡检 App 故障传动应一致	
	故障信息-充电枪未归位试验	充电桩待机时，模拟操作充电枪归位没有到位，检查充电桩与车联网平台、e 充电 App、巡检 App 故障传动是否一致	充电枪未归位后，充电桩与车联网平台、e 充电 App、巡检 App 故障传动应一致	

第五节　主要配置的检测仪器清单

实施充电桩检测工作时，需配置的检测仪器仪表见表 4-3。

表 4-3　　　　　　　　检 测 设 备 一 览

序号	设备名称	设备型号	数量	备注
1	可编程直流负载		1	负载功率 120kW，负载电压 0～1000V，最大电流加载范围 0～300A

续表

序号	设备名称	设备型号	数量	备注
2	便携式直流充电桩互操作测试设备	CPD-200/DCTE-1000	1	测量范围 DC 200～1000V，最大可扩展电流 250A，电流/电压测量精度±0.2%，设备集成了车辆接口模块、高速高精度波形采集模块、电池电压模拟模块、BMS 模拟测试软件、CAN 报文采集模块、嵌入式控制器等设备，完全模拟电动汽车充电回路，实现插枪即可测试，避免之前多设备连线复杂的状况。内置充电桩电能计量检测模块，检查直流充电桩工作误差、示值误差、付费金额误差及时钟示值误差试验要求
3	便携式交流充电桩互操作测试设备		1	带有 63A 充电枪座，可实现各路通断故障状态仿真模拟功能，带有 R2 电阻、R3 电阻仿真等效电阻模拟功能，内置单相 9kW 交流负载，带有并机接口，可外接大功率交流负载
4	绝缘、耐压、接地电阻测试仪	FLUKE	1	具备耐压测试、绝缘电阻测试、接地连续性测试、泄漏电流测试等测试功能
5	功率分析仪	PA2000mini	1	测试限压限流特性功率因数
6	交流充电桩互操作测试软件		1	实现交流充电桩互操作全自动测试，自动生成测试报告
7	直流充电桩互操作测试软件		1	实现直流充电桩协议一致性、互操作全自动测试，自动生成测试报告
8	直流桩计量软件		1	实现直流充电桩计量检测
9	交流桩计量软件		1	实现交流桩计量检测

第五章

充电桩检修

第一节 一 般 要 求

一、设备检修流程

（1）问题发现阶段→巡检发现、检修发现、故障上送。

（2）问题汇总阶段→问题汇总、问题预判、问题分类、问题下发。

（3）缺陷消除阶段→电源缺陷、通信缺陷、电气一二次回路缺陷、机械缺陷、其他缺陷。

（4）消缺闭环阶段→缺陷消除确认、缺陷预期考核、缺陷统计分析。

二、一般要求

（1）作业人员应每年参加定期《电力安全工作规程》考试，必须具备必要的电气专业（或电工基础）知识，掌握本专业作业技能，经考试合格方可上岗。

（2）作业人员应经过相应的作业技能培训，经职能部门技能鉴定合格，取得资格证书，方可上岗，且每年参加技能考试合格。应结合实际开展专业岗位技能培训，工作前结合指导书等标准化作业文件进行培训。

（3）作业人员应具备必要的安全生产知识，学会紧急救护法以及相应的应急处置。

（4）作业人员应能正确使用安全工器具、劳动防护用品和消防装备。

（5）现场参加带电作业的人员均应参加相关带电作业培训，并了解现场作业中使用的工器具材料性能、结构部件及操作方法。

（6）作业人员进行现场实际操作前，应对现场作业的操作方法和现场使用的安全工器具的组装和使用进行演练。

（7）现场工作的工作负责人和专责监护人均应从现场实际操作中有经验的人员中选取，除进行安全知识考核外还应对其操作技能进行考评。

（8）外单位承担或外来人员参与公司系统电气工作的工作人员应已熟

悉检修规程、明确掌握作业指导书中相应的安全措施、并经考试合格取证，经工作负责人指定监护人，许可后方可开展工作。

（9）每组检修人员应不少于 2 人，相关人员需具备一定的电气设备操作基础和工作经验；对于涉及高压设备操作检修、登高等风险等级高的作业，宜不少于 3 人，一人作业，一人协助，一人监护；严禁单人外出检修充电设施。

（10）检修人员接收检修工单后，应根据现场故障情况提前做好检修准备工作，包括安全工器具、施工器具、调试工具、备品备件材料等。

第二节　检　修　类　别

一、缺陷分类

设备缺陷是指充电设施、辅助设施本身及周边环境出现的影响充电站安全、经济和优质运行的情况。

设备缺陷的消除应优先采取不停电作业方式。

设备缺陷按其对人身、设备、电网的危害或影响程度，划分为一般、严重和危急三个等级。

（1）一般缺陷。设备本身及周围环境出现不正常情况，一般不威胁设备的安全运行，可列入年、季检修计划或日常维护工作中处理的缺陷。

（2）严重缺陷。设备处于异常状态，可能发展为事故，但仍可在一定时间内继续运行，须加强监视并进行检修处理的缺陷。

（3）危急缺陷。严重威胁设备的安全运行，不及时处理，随时有可能导致事故的发生，应尽快消除或采取必要的安全技术措施进行处理的缺陷。

二、缺陷消缺时长

（1）一般缺陷。一般为机械部件或先天缺陷故障，发生此类缺陷故障，设备管理单位部门应酌情列入检修计划进行处理，处理时间一般不宜超过三个月。

（2）严重缺陷。通常为通信中断、充电桩电源等影响充电业务正常开展，发生此类缺陷设备管理单位部门必须三天内安排处理，处理时间一般不宜超过一周。

（3）危急缺陷。短路、电气火灾、漏电等整桩类严重安全隐患，发生此类缺陷故障时，设备管理单位部门需在于 24h 内消除安全隐患，24h 内安排现场处理，处理时间一般不宜超过一周。

三、检修类别

充电桩设施检修包括计划检修和应急抢修两种方式，见表 5-1。计划检修是指对全部充换电站进行周期性检修，各级运维单位应建立执行检修计划的监控、督导、评价等闭环管控机制。应急抢修是指对 95598 故障报修、车联网平台告警和巡视工作中发现的充电设施故障开展的应急性抢修工作，确保故障及离线充电桩及时完成修复。

目前充电桩按设备检修性质分为如下几种：

（1）定期检修。定期检修是一种以时间为基础的预防性检修，根据设备磨损和老化的统计规律，事先确定检修等级、检修站点、检修项目、需用的备件及材料等的检修方式。

（2）改进性检修。改进性检修是指对设备先天性缺陷或频发故障，按照当前设备技术水平和发展趋势进行改造，从根本上消除设备缺陷，以提高设备的技术性能和可用率，并结合检修过程实施的检修方式。

（3）状态检修。状态检修是指根据状态监测和诊断技术提供的设备状态信息，评估设备的状况，在故障发生前进行检修的方式。

（4）故障检修。故障检修是指设备在发生故障或其他失效时进行的非计划检修。

（5）节日检修。在节假日到来前，确保不影响节日充电业务和假期事故备用的前提下，经设备管理单位部门批准的运维部门或单位进行设备的检修。

表 5-1   检 修 类 别 表

计划检修	应急抢修
定期检修、改进性检修、状态检修、节日检修	故障检修

结合检修性质和是否停电工作将充电桩检修分为停电和不停电两类。

第三节 检 修 周 期

本书给出的基准周期适用于一般情况，其中应急抢修时限以国家电网有限公司相关管理规定为准。为减少设备停电次数，鼓励充电站计划检修结合上级电源设备停电共同检修，其周期可以依据设备状态、地域环境、电网结构等特点，在基准周期的基础上酌情延长或缩短，调整后的 C 级检修周期不小于本书所列基准周期的 0.5 倍，也不大于本书所列基准周期的 1.5 倍。充电站设备基准周期见表 5-2。

表 5-2   设备基准周期表

序号	设备类型	基准检修周期	
		（C 级）	（D 级）
1	配电系统	4 年	1 年
2	充电设备	2 年	1 年
3	辅助、通信及其他设备	2 年	1 年

第四节 直流充电桩检修

一、正常情况下直流充电桩

现场投运充电桩应 380V 电源供电正常、通信系统正常、4G 信号良好、电气一二次回路运行正常、机械部件正常、充电枪等其他无异常。

充电桩处于待机状态时，显示屏界面会在两个待机画面进行切换显示如图 5-1 和图 5-2 所示，在待机画面二点击选择手机操作系统类型，通过扫描生成的二维码信息可获得手机客户端软件的下载地址链接。

图 5-1 待机画面一

图 5-2 待机画面二

图 5-3 现场待机状态

正常投运充电桩待机状态灯为电源红灯亮、待机绿灯亮、充电红灯灭、结束黄灯灭如图 5-3 所示，各指示灯的指示说明如图 5-4 所示。

二、直流充电桩缺陷处理

巡视或检修工作人员发现现场充电桩存在缺陷时，应初步判断故障是简单故障还是无法恢复故障。当遇到充桩离线、死机、操作屏幕失灵、花屏、黑屏、等简单故障时，巡视或检修人员可在确保自身安全的前提下，打开充电桩体柜门，检查充电桩内部装置基础是否出现异常（脱焊、虚接等），如未发现明显问题，则重启充电桩，观察充电桩是否恢复正常运行。遇到无法修复的故障，巡视或检修人员应当在保证人身安全的前提下，对充电桩进行断电处理，在桩体张贴故障情况说明。

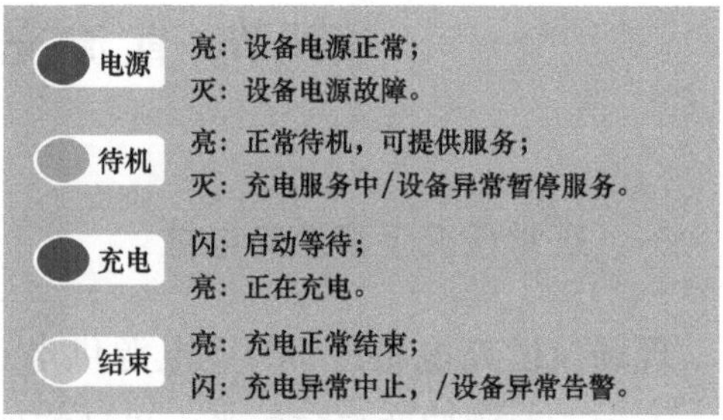

图 5-4 指示灯指示说明

及时联系厂家，将故障情况描述清楚，逐级上报，做好文字与现场照片记录，向车联网平台申请充电桩停运工作。

巡视或检修工作班组成员在接到检修工单任务时应积极准备本次检修任务相对应的图纸、作业指导书及作业所需配件、安全工器具、施工器具及其他材料等；还应明确当日工作地点（消缺）、相关工作范围及内容、当日重点保障工作；了解检修该站点设备运行情况、软件修改要求、核对配件设备、元器件或板卡型号、版本号及跳线设置等是否齐备并符合实际，检查仪器（工装）等试验设备是否完好，核对所带调试工具［如串口线、J-Link（见图 5-5）、CAN 盒（见图 5-6）］、电脑软件版本号等是否符合实际，并安排好出行车辆。

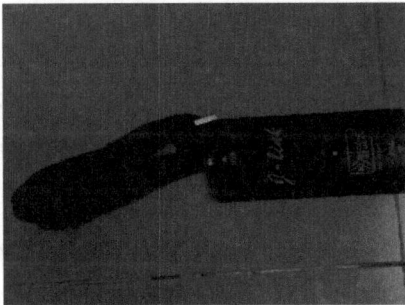

图 5-5　调试工具 J-Link　　　　图 5-6　调试工具 CAN 盒

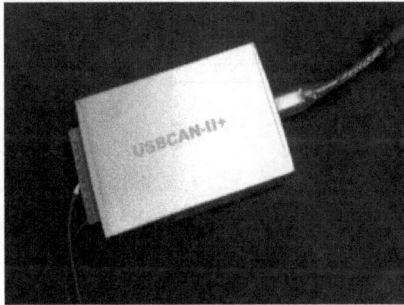

巡视或检修工作人员应及时跟进厂家故障处理情况，督促其尽快恢复充电桩缩短停运时间。并在检修现场开展工作前落实安全交底与现场安全防护到位工作。对被监护人员交代监护范围内的安全措施、告知危险点和安全注意事项。监督被监护人员遵守电力安全作业规程和现场安全措施，及时纠正被监护人员的不安全行为。

第五节　交流充电桩检修

一、正常情况下交流充电桩

现场投运充电桩应 220V 电源供电正常、通信系统正常、4G 信号良好、电气一二次回路运行正常、机械部件正常、充电枪等其他无异常，安装效果图如图 5-7 所示。

充电桩处于待机状态时，显示屏界面会在两个待机画面进行切换显示（如图 5-1 和图 5-2 所示），在待机画面二点击选择手机操作系统类型，通过扫描生成的二维码信息可获得手机客户端软件的下载地址链接。

正常投运充电桩待机状态灯为电源红灯亮、待机绿灯亮、充电红灯灭、结束黄灯灭，各指示灯的指示说明如图 5-4 所示。

二、交流充电桩缺陷处理

巡视或检修工作人员发现现场充电桩存在缺陷时，应初步判断故障是简单故障还是无法恢复故障。当遇到充电桩离线、死机、操作屏幕失灵、花屏、黑屏、等简单故障时，巡视或检修人员可在确保自身安全的前提下，打开充电桩体柜门，检查充电桩内部装置基础是否出现异常（脱焊、虚接等），如未发现明显问题，则重

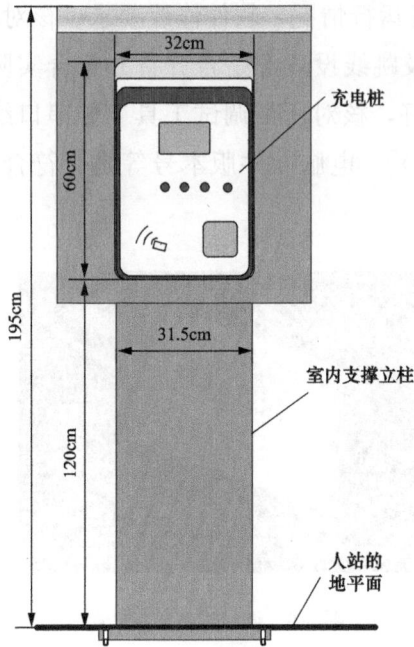

图 5-7　交流充电桩安装效果图

启充电桩，观察充电桩是否恢复正常运行。遇到无法修复的故障，巡视或检修人员应当在保证人身安全有前提下，对充电桩进行断电处理，在桩体张贴故障情况说明。及时联系厂家，将故障情况描述清楚，逐级上报，做好文字与现场照片记录，向车联网平台申请充电桩停运工作。

巡视或检修工作班组成员在接到检修工单任务时应积极准备本次检修任务相对应的图纸、作业指导书及作业所需配件、安全工器具、施工器具及其他材料等。还应明确当日工作地点（消缺）、相关工作范围及内容、当日重点保障工作。了解检修该站点设备运行情况、软件修改要求、核对配

件设备、元器件或板卡型号、版本号及跳线设置等是否齐备并符合实际，检查仪器（工装）等试验设备是否完好，核对所带调试工具（如串口线、J-Link、CAN 盒）、电脑软件版本号等是否符合实际，并安排好出行车辆。

巡视或检修工作人员应及时跟进厂家故障处理情况，督促其尽快恢复充电桩缩短停运时间。并在检修现场开展工作前落实安全交底与现场安全防护到位工作。对被监护人员交待监护范围内的安全措施、告知危险点和安全注意事项。监督被监护人员遵守电力安全作业规程和现场安全措施，及时纠正被监护人员的不安全行为。

第六节　常见故障代码原因及处置方法

一、直流充电桩常见故障原因及处置方法

1. TCU 与充电控制器通信故障

（1）故障现象：液晶屏显示"故障代码：1"。

（2）常见原因：

1）TCU 与充电桩控制器之间的 CAN 总线接线松动；

2）CAN 总线抗干扰能力不佳或总线匹配电阻有问题；

3）TCU 与充电桩控制器双向报文发送异常；

4）TCU 发送数据异常或充电桩控制器数据发送异常。

（3）处理方法：检查 TCU 上 CAN 总线接线是否压接牢固，匹配电阻是否连接可靠，通信线屏蔽层是否有效接地。

2. 读卡器通信故障

（1）故障现象：液晶屏显示"故障代码：2"。

（2）常见原因：

1）TCU 与读卡器接线松动；

2）读卡器损坏；

3）TCU 程序运行出错。

（3）处理方法：重启 TCU；检查读卡器接线，确认读卡器接线牢固，注意检查读卡器通信线屏蔽线接地是否到位；如读卡器故障需更换。

3. 电能表通信故障

（1）故障现象：液晶屏显示"故障代码：3"。

（2）常见原因：

1）TCU 与电能表接线松动，或反接；

2）电能表故障；

3）电能表通信波特率非 2400bit/s。

（3）处理方法：检测 TCU 与电能表接线，如电能表故障需更换，新电能表须确认通信波特率。

4. ESAM 故障

（1）故障现象：液晶屏显示"故障代码：4"。

（2）常见原因：

1）芯片损坏；

2）TCU 故障。

（3）处理方法：更换 ESAM 芯片或 TCU。

5. 交易记录满

（1）故障现象：液晶屏显示"故障代码：5"。

（2）常见原因：设备长期离线，数据未上传后台导致本地数据量积累过大超出设备闪存存储能力。

（3）处理方法：检查设备无线信号是否正常，设备上线后将自动上传数据并删除已上传的数据。

6. 交易记录存储失败

（1）故障现象：液晶屏显示"故障代码：6"。

（2）常见原因：设备闪存损坏。

（3）处理方法：检查设备是否在线状态；重启 TCU，检测闪存是否损坏，如有损坏请更换 TCU。

7. 平台注册校验不成功

（1）故障现象：液晶屏显示"故障代码：7"。

（2）常见原因：网络信号异常或者车联网后台有问题。

（3）处理方法：恢复网络信号，重新注册。

8. 程序文件校验失败

（1）故障现象：液晶屏显示"故障代码：8"。

（2）常见原因：TCU 程序被破坏或者被篡改。

（3）处理方法：检查 TCU 硬件防护是否遭到破坏，若遭破坏请及时处理，并将 TCU 程序和库文件恢复到正常状态。

9. 充电中车辆控制导引告警（TCU 判断）

（1）故障现象：液晶屏显示"故障代码：9"。

（2）常见原因：充电过程中出现控制导引断开故障时，如果充电控制器做出处理，则上报故障代码 38；如果充电控制器异常，未处理该故障则 TCU 会补充判断，上报本故障；本故障作为故障代码 38 的一个补充判断。

（3）处理方法：重启设备，并通报设备厂家。

10. BMS 通信异常

（1）故障现象：液晶屏显示"故障代码：10"。

（2）常见原因：

1）电动汽车 BMS 系统故障；

2）车辆未获取充电桩提供的辅助电源；

3）充电连接线未连接到位或内部线路出现故障；

4）充电机和电动汽车通信协议不匹配。

（3）处理方法：检查是否插好充电连接线缆、线缆是否正常；检查辅助电源是否故障；检查充电桩与车辆的通信协议是否兼容。

11. 直流母线输出过压告警

（1）故障现象：液晶屏显示"故障代码：11"。

（2）常见原因：输出侧输出电压比需求电压大（超出控制器的设定阈值），模块输出失控。

（3）处理方法：检查模块状态，如模块损坏需更换。

备注：此种情况一般是模块输出控制精度不够，导致输出电压过高。

12. 直流母线输出欠电压告警

（1）故障现象：液晶屏显示"故障代码：12"。

（2）常见原因：

1）负载过大，导致瞬间输出欠电压告警；

2）模块损坏。

（3）处理方法：瞬间告警后立即恢复正常无需处理，如模块损坏需更换。

13. 蓄电池充电过电流告警

（1）故障现象：液晶屏显示"故障代码：13"。

（2）常见原因：充电时电池的电流需求值大于充电桩的设定阈值，引发充电桩控制系统过电流保护。

（3）处理方法：检查电池状态是否正常，检查充电机模块是否正常。

14. 蓄电池模块采样点过温告警

（1）故障现象：液晶屏显示"故障代码：14。"

（2）常见原因：充电过程中，蓄电池温度过高。

（3）处理方法：停止充电；待蓄电池冷却后再进行充电；频繁出现该故障，请联系车厂。

15. 急停按钮动作故障

（1）故障现象：液晶屏显示"故障代码：16"。

（2）常见原因：充电桩正常情况下被人为按下急停按钮，且按钮按下后一直没有恢复。

（3）处理方法：恢复急停按钮，向右旋转急停按钮然后松开即可。

备注：部分充电桩恢复急停按钮后会出现其他故障代码，需检查塑壳断路器是否需要人为闭合。

16. 绝缘检测故障

（1）故障现象：液晶屏显示"故障代码：17"。

（2）常见原因：

1）充电输出回路对地绝缘损坏；

2) 绝缘检测模块损坏或者误报。

（3）处理方法：检查充电机柜和充电桩中直流输出回路的绝缘情况，是否有明显接地点；检查绝缘检测模块是否损坏。

17. 电池反接故障

（1）故障现象：液晶屏显示"故障代码：18"。

（2）常见原因：

1) 模块直流出线反接；

2) 检测电池反接装置是否损坏或者未开启，或者该装置的检测线反接。

（3）处理方法：检查模块直流出线是否反接；检查检测电池反接装置的检测线是否反接；检查电池反接装置是否未开启。

18. 避雷器故障

（1）故障现象：液晶屏显示"故障代码：19"。

（2）常见原因：接触器前端避雷器出现告警。

（3）处理方法：检查避雷器安装接触触点，更换避雷器。

19. 充电枪未归位

（1）故障现象：液晶屏显示"故障代码：20"。

（2）常见原因：充电枪未放回充电枪插座或放回后充电枪头与插座处于半连接状态，未完全连接。

（3）处理方法：把充电枪放回充电插座并检查是否处于完全连接状态。

20. 充电桩过温故障

（1）故障现象：液晶屏显示"故障代码：21"。

（2）常见原因：

1) 设置温度过低；

2) 温度传感器故障；

3) 散热风扇未启动。

（3）处理方法：检查设置温度；检查温度传感器是否正常；检查散热风扇是否运转正常。

21. 烟雾报警告警

(1) 故障现象：液晶屏显示"故障代码：22"。

(2) 常见原因：

1) 充电模块烧损，常伴有烟雾；

2) 充电桩内部电气触头烧损产生烟雾。

(3) 处理方法：检测模块及充电桩内部电器状态，更换损坏器件。

22. 输入电压过电压

(1) 故障现象：液晶屏显示"故障代码：23"。

(2) 常见原因：充电设备交流输入电压过高。

(3) 处理方法：检查配电系统是否正常。

23. 输入电压欠电压

(1) 故障现象：液晶屏显示"故障代码：24"。

(2) 常见原因：电压检测装置接线松动。

(3) 处理方法：检查电压检测装置接线是否牢固。

24. 充电模块故障

(1) 故障现象：液晶屏显示"故障代码：25"。

(2) 常见原因：

1) 模块通信线接触不良；

2) 模块本身故障；

3) 急停按钮恢复后交流塑壳断路器电磁脱扣仍处于脱开状态，未手动恢复。

(3) 处理方法：检查模块通信线接线情况，如果是模块自身故障，更换模块；检查塑壳断路器是否闭合。

备注：单模块故障时，故障模块可退出而不影响其他模块工作，不会报充电模块故障。如果在充电机未启用时就报故障代码 25，应检查模块通信线接线情况。

25. 充电模块风扇故障

(1) 故障现象：液晶屏显示"故障代码：27"。

（2）常见原因：充电模块单模块硬件故障。

（3）处理方法：更换风扇。

26. 充电模块过温告警

（1）故障现象：液晶屏显示"故障代码：28"。

（2）常见原因：

1）设备内部污物过多；

2）长时间大功率运行。

（3）处理方法：清洗模块，特别是风道内部及滤网；检查模块状态。

27. 充电模块交流输入告警

（1）故障现象：液晶屏显示"故障代码：29"。

（2）常见原因：

1）交流断电；

2）交流输入缺相；

3）交流输入过电压。

（3）处理方法：检查交流电源状态；检查模块状态。

28. 充电模块输出短路故障

（1）故障现象：液晶屏显示"故障代码：30"。

（2）常见原因：模块内部器件损坏（常见电容器击穿），模块输出侧母线短路。

（3）处理方法：更换模块。

29. 充电模块输出过电流告警

（1）故障现象：液晶屏显示"故障代码：31"。

（2）常见原因：充电输出电流大于充电桩控制系统设定的阈值引发输出过电流保护。

（3）处理方法：检查模块状态，如模块损坏需更换。

30. 充电模块输出过电压告警

（1）故障现象：液晶屏显示"故障代码：32"。

（2）常见原因：单模块输出电压过大引起系统过电压保护动作。

（3）处理方法：检查模块状态，如模块损坏需更换。

31. 充电模块输出欠电压告警

（1）故障现象：液晶屏显示"故障代码：33"。

（2）常见原因：

1）模块控制精度不够；

2）模块内部器件损坏。

（3）处理方法：检查模块状态，如模块损坏需更换。

32. 充电模块输入过电压告警

（1）故障现象：液晶屏显示"故障代码：34"。

（2）常见原因：交流输入电压过高。

（3）处理方法：检查交流电源状态；检查模块状态，如模块损坏需更换。

33. 充电模块输入欠电压告警

（1）故障现象：液晶屏显示"故障代码：35"。

（2）常见原因：

1）交流断电；

2）交流输入缺相；

3）交流输入欠电压。

（3）处理方法：检查交流电源状态，检查电源接线；检查模块状态，如模块损坏需更换。

34. 充电模块输入缺相告警

（1）故障现象：液晶屏显示"故障代码：36"。

（2）常见原因：

1）交流断电；

2）交流输入缺相。

（3）处理方法：检查交流电源状态，检查电源接线；检查模块状态，如模块损坏需更换。

35. 充电模块通信告警

（1）故障现象：液晶屏显示"故障代码：37"。

（2）常见原因：

1）通信线路接线松动；

2）通信协议不一致；

3）硬件损坏。

（3）处理方法：检查通信接线；检查通信协议；检查模块是否正常。

36．**充电中控制导引告警**

（1）故障现象：液晶屏显示"故障代码：38"。

（2）常见原因：

1）充电过程中直接拔出充电枪；

2）充电过程中辅助供电出现异常；

3）充电过程中 BMS 发送数据异常或充电桩控制器数据发送异常。

（3）处理方法：检查辅助供电回路，检查通信协议。

37．**交流断路器故障**

（1）故障现象：液晶屏显示"故障代码：39。"

（2）常见原因：交流断路器跳闸，断路器损坏、过电流或短路。

（3）处理方法：检查断路器状态，若为跳闸，再确认下级设备状态正常后合上交流断路器；如断路器损坏需更换。

38．**直流母线输出过电流告警**

（1）故障现象：液晶屏显示"故障代码：40"。

（2）常见原因：充电桩输出电流大于系统设定的阈值引发充电桩系统保护动作。

（3）处理方法：检查电池状态是否正常，检查充电模块是否正常。

39．**直流母线输出熔断器故障**

（1）故障现象：液晶屏显示"故障代码：41"。

（2）常见原因：下级电路短路导致熔断器保护动作。

（3）处理方法：检查下级电路系统，如熔断器损坏需更换。

40．**直流母线输出接触器故障**

（1）故障现象：液晶屏显示"故障代码：42"。

（2）常见原因：

1）触点粘连；

2）接触器自身故障。

（3）处理方法：检查触点状态是否正常，如接触器损坏需更换。

41. 充电接口电子锁故障

（1）故障现象：液晶屏显示"故障代码：43"。

（2）常见原因：

1）电子锁损坏；

2）电子锁驱动信号及回采信号缺失或不正常。

（3）处理方法：更换电子锁；检查电子锁驱动信号及回采信号。

42. 充电机风扇故障

（1）故障现象：液晶屏显示"故障代码：44"。

（2）常见原因：

1）开关损坏或接触不良；

2）风机损坏。

（3）处理方法：检查开关状态，如风机损坏需更换。

43. 充电枪过温故障

（1）故障现象：液晶屏显示"故障代码：45"。

（2）常见原因：

1）充电枪线破损；

2）充电枪长时间大电流充电；

3）充电接口长时间使用，导致积垢较多，接触电阻变大。

（3）处理方法：更换充电枪线。

44. TCU 其他故障（电能表数据校验异常）

（1）故障现象：液晶屏显示"故障代码：46。"

（2）常见原因：电能表电能数据与控制器数据校验异常。

（3）处理方法：检查 TCU 与电能表之间通信连接是否可靠；检查电能表与分流器之间的连线是否可靠。

45. 充电机其他故障

（1）故障现象：液晶屏显示"故障代码：47"。

（2）常见原因：充电机控制器故障判断异常或者判断出其他不在故障代码表内的故障。

（3）处理方法：检查充电机状态是否正常；检查充电控制器状态是否正常。

46. 门禁故障

（1）故障现象：液晶屏显示"故障代码：48。"

（2）常见原因：充电过程中设备外门被人为打开。

（3）处理方法：检查充电桩柜门是否正常锁闭。

47. 直流输出接触器粘连故障

（1）故障现象：液晶屏显示"故障代码：49"。

（2）常见原因：充电设备经常紧急停机导致输出直流接触器性能下降，无法正常断开。

（3）处理方法：更换直流接触器。

48. 绝缘监测告警

（1）故障现象：液晶屏显示"故障代码：50"。

（2）常见原因：

1）充电输出回路对地绝缘轻微损坏；

2）绝缘检测模块损坏或者误报。

（3）处理方法：检修期间检查设备绝缘性能。

备注：监测得到的绝缘电阻为 R，当 $R > 500\Omega/V$ 视为安全；$100\Omega/V < R \leqslant 500\Omega/V$ 时，宜进行绝缘异常报警，但仍可正常充电；$R \leqslant 100\Omega/V$ 视为绝缘故障，应停止充电。

49. 泄放回路告警

（1）故障现象：液晶屏显示"故障代码：51"。

（2）常见原因：泄放回路的接触器或者电阻损坏；

（3）处理方法：检修期间进行器件更换。

50. 充电桩过温告警

（1）故障现象：液晶屏显示"故障代码：52。"

（2）常见原因：

1）充电设备的散热部件效率下降，导致设备运行过程中温度较高，超过告警阈值；

2）温度传感器故障；

（3）处理方法：检修期间进行器件更换。

51. 充电枪过温告警

（1）故障现象：液晶屏显示"故障代码：53"。

（2）常见原因：充电枪与车辆接口的接触电阻变大，导致充电过程中充电枪温度较高，超过告警阈值。

（3）处理方法：检修期间进行充电枪维护。

52. 其他类型故障

（1）故障现象：液晶屏显示"故障代码：54"。

（2）常见原因：设备厂家自定义的故障。

（3）处理方法：咨询设备厂家。

53. 交流输入接触器据动/误动故障

（1）故障现象：液晶屏显示"故障代码：55"。

（2）常见原因：交流接触器损坏或者电气连线松动。

（3）处理方法：检查电气连线；更换交流接触器。

54. 交流输入接触器粘连故障

（1）故障现象：液晶屏显示"故障代码：56"。

（2）常见原因：交流接触器损坏或者是监测回路异常。

（3）处理方法：更换交流接触器。

55. 辅助电源故障

（1）故障现象：液晶屏显示"故障代码：57"。

（2）常见原因：辅助电源损坏。

（3）处理方法：更换辅助电源。

56. 并联接触器据动/误动故障

（1）故障现象：液晶屏显示"故障代码：58"。

（2）常见原因：并联接触器损坏或者电气连线松动。

（3）处理方法：检查电气连线；更换并联接触器。

57. 并联接触器粘连故障

（1）故障现象：液晶屏显示"故障代码：59"。

（2）常见原因：并联接触器损坏或者是监测回路异常。

（3）处理方法：更换并联接触器。

二、交流充电桩常见故障原因及处置方法

1. TCU 与充电控制器通信故障

（1）故障现象：液晶屏显示"故障代码：1"。

（2）常见原因：

1）TCU 与充电桩控制器之间的 CAN 总线接线松动；

2）CAN 总线抗干扰能力不佳或总线匹配电阻有问题；

3）TCU 与充电桩控制器双向报文发送异常；

4）TCU 发送数据异常或充电桩控制器数据发送异常。

（3）处理方法：检查 TCU 上 CAN 总线接线是否压接牢固，匹配电阻是否连接可靠，通信线屏蔽层是否有效接地。

2. 读卡器通信故障

（1）故障现象：液晶屏显示"故障代码：2"。

（2）常见原因：

1）TCU 与读卡器接线松动；

2）读卡器损坏；

3）TCU 程序运行出错。

（3）处理方法：重启 TCU；检查读卡器接线，确认读卡器接线牢固，注意检查读卡器通信线屏蔽线接地是否到位；如读卡器故障需更换。

3. 电能表通信故障

（1）故障现象：液晶屏显示"故障代码：3"。

（2）常见原因：

1）TCU 与电能表接线松动，或反接；

2）电能表故障；

3）电能表通信波特率非 2400bit/s。

（3）处理方法：检测 TCU 与电能表接线，如电能表故障需更换，新电能表须确认通信波特率。

4. ESAM 故障

（1）故障现象：液晶屏显示"故障代码：4"。

（2）常见原因：

1）芯片损坏；

2）TCU 故障。

（3）处理方法：更换 ESAM 芯片或 TCU。

5. 交易记录满

（1）故障现象：液晶屏显示"故障代码：5"。

（2）常见原因：设备长期离线，数据未上传后台导致本地数据量积累过大超出设备闪存存储能力。

（3）处理方法：检查设备无线信号是否正常，设备上线后将自动上传数据并删除已上传的数据。

6. 交易记录存储失败

（1）故障现象：液晶屏显示"故障代码：6"。

（2）常见原因：设备闪存损坏。

（3）处理方法：检查设备是否在线状态；重启 TCU，检测闪存是否损坏，如有损坏请更换 TCU。

7. 平台注册校验不成功

（1）故障现象：液晶屏显示"故障代码：7"。

（2）常见原因：网络信号异常或者车联网后台有问题。

（3）处理方法：恢复网络信号，重新注册。

8. 程序文件校验错误

（1）故障现象：液晶屏显示"故障代码：8"。

（2）常见原因：TCU 程序的校验码与配置文件不符或者库文件版本不对。

（3）处理方法：重新安装正确的 TCU 程序，或者安装版本正确的 lit-cu. so 库文件。

9. 急停按钮动作故障

（1）故障现象：液晶屏显示"故障代码：18"。

（2）常见原因：充电桩正常情况下被人为按下急停按钮，且按钮按下后一直没有恢复。

（3）处理方法：恢复急停按钮，向右旋转急停按钮然后松开即可。

10. 避雷器故障

（1）故障现象：液晶屏显示"故障代码：19"。

（2）常见原因：接触器前端避雷器出现告警。

（3）处理方法：检查避雷器安装接触触点，更换避雷器。

11. 充电枪未归位

（1）故障现象：液晶屏显示"故障代码：20"。

（2）常见原因：充电枪未放回充电枪插座或放回后充电枪头与插座处于半连接状态，未完全连接。

（3）处理方法：把充电枪放回充电插座并检查是否处于完全连接状态。

12. 过温故障

（1）故障现象：液晶屏显示"故障代码：21"。

（2）常见原因：

1）设置温度过低；

2）温度传感器故障；

3）散热风扇未启动。

（3）处理方法：检查设置温度；检查温度传感器是否正常；检查散热风扇是否运转正常。

13. 输入电压过电压

（1）故障现象：液晶屏显示"故障代码：22"。

（2）常见原因：充电设备交流输入电压过高。

（3）处理方法：检查配电系统是否正常。

14. 输入电压欠电压

（1）故障现象：液晶屏显示"故障代码：23"。

（2）常见原因：电源接线松动；电压检测装置接线松动。

（3）处理方法：检查电源接线以及电压检测装置接线是否牢固。

15. 充电中控制导引告警

（1）故障现象：液晶屏显示"故障代码：24"。

（2）常见原因：

1）充电过程中直接拔出充电枪；

2）充电过程中车辆主动断开充电。

（3）处理方法：重新插枪，启动充电。

16. 交流接触器故障

（1）故障现象：液晶屏显示"故障代码：25"。

（2）常见原因：交流接触器控制或状态反馈接线松动；接触器损坏。

（3）处理方法：检查接触器接线；如接触器损坏需更换。

17. 输出过电流告警

（1）故障现象：液晶屏显示"故障代码：26"。

（2）常见原因：充电桩输出电流大于系统设定的阈值引发充电桩告警。

（3）处理方法：检查车辆充电需求是否大于充电桩设定的过电流告警阈值。

18. 输出过电流保护动作

（1）故障现象：液晶屏显示"故障代码：27。"

（2）常见原因：充电桩输出电流大于系统设定的阈值引发充电桩保护动作。

（3）处理方法：检查车辆充电需求是否大于充电桩设定的过电流保护动作阈值。

19. 交流断路器故障

（1）故障现象：液晶屏显示"故障代码：28"。

（2）常见原因：交流断路器跳闸，断路器损坏、过电流或短路。

（3）处理方法：检查断路器状态，若为跳闸，再确认下级设备状态正常后合上交流断路器；如断路器损坏需更换。

20. 充电接口电子锁故障

（1）故障现象：液晶屏显示"故障代码：29"。

（2）常见原因：

1）电子锁损坏；

2）电子锁驱动信号及回采信号缺失或不正常。

（3）处理方法：更换电子锁，检查电子锁驱动信号及回采信号。

21. 充电接口过温故障

（1）故障现象：液晶屏显示"故障代码：30"。

（2）常见原因：

1）充电枪长时间大电流充电；

2）充电接口长时间使用，导致积垢较多，接触电阻变大。

（3）处理方法：重新插拔，再充电；如充电接口有损坏需更换。

22. PE 断线故障

（1）故障现象：液晶屏显示"故障代码：33"。

（2）常见原因：充电接口连接线缆或者充电线缆损坏。

（3）处理方法：更换线缆。

23. 充电中拔枪故障（TCU 判断）

（1）故障现象：液晶屏显示"故障代码：34"。

（2）常见原因：充电过程中出现控制导引断开故障时，如果充电控制器做出处理，则上报故障代码24；如果充电控制器异常，未处理该故障则TCU 会补充判断，上报本故障；本故障作为故障代码 24 的一个补充判断。

（3）处理方法：重启设备，并通报设备厂家。

24. TCU 其他故障

（1）故障现象：液晶屏显示"故障代码：35"。

（2）常见原因：TCU 从电能表采集到的数据与充电控制器上送的数据

存在较大差异。

（3）处理方法：通报设备厂家处理。

25．充电桩其他故障

（1）故障现象：液晶屏显示"故障代码：36"。

（2）常见原因：充电机控制器故障判断异常。

（3）处理方法：检查充电机状态是否正常；检查充电控制器状态是否正常。

26．门禁故障

（1）故障现象：液晶屏显示"故障代码：37"。

（2）常见原因：充电过程中设备外门打开会出现此故障。

（3）处理方法：检查充电桩柜门是否正常锁闭。

27．充电桩过温告警

（1）故障现象：液晶屏显示"故障代码：38"。

（2）常见原因：

1）设置温度过低；

2）温度传感器故障；

3）散热风扇未启动。

（3）处理方法：检查设置温度；检查温度传感器是否正常；检查散热风扇是否运转正常。

28．充电枪过温告警

（1）故障现象：液晶屏显示"故障代码：39"。

（2）常见原因：

1）充电枪线破损；

2）充电枪长时间大电流充电；

3）充电接口长时间使用，导致积垢较多，接触电阻变大。

（3）处理方法：更换充电枪线。

29．交流输出接触器粘连

（1）故障现象：液晶屏显示"故障代码：40"。

（2）常见原因：

1）触点粘连；

2）接触器自身故障。

（3）处理方法：检查触点状态是否正常，如接触器损坏需更换。

30. 通用故障和告警

（1）故障现象：液晶屏显示"故障代码：41"。

（2）常见原因：设备厂家自定义故障。

（3）处理方法：联系设备厂家。

31. 其他类型故障

（1）故障现象：液晶屏显示"故障代码：42"。

（2）常见原因：设备厂家自定义故障。

（3）处理方法：联系设备厂家。

第七节　缺 陷 闭 环 环 节

一、缺陷消除确认

缺陷消除确认是缺陷闭环的终结环节，在完成缺陷后需将缺陷原因与情况、维护工单资料等反馈缺陷管理组。

二、缺陷逾期考核

缺陷逾期考核是对消缺及时程度主要管控手段，一般采用周期通报方式下达。

三、缺陷统计分析

缺陷统计分析主要对设备缺陷情况定期进行统计，对设备采购、施工、验收、运行维护阶段相关制度、流程、技术标准、作业规程提出改进措施，从根本减少设备缺陷的发生。

第六章

充电桩安装调试、检测及运维相关安全作业

为贯彻"安全第一、预防为主、综合治理"的方针，落实《国家安全生产法》及《国家电网安全工作规程》，进一步提高充电桩设施相关岗位人员技术水平，本书特编写了安全要求部分。电动汽车充电桩施工技术管理人员以及运维检修人员应具备安全生产基础知识及现场安全风险辨识能力，能在开展充电桩安装、检测、施工、运维等工作时避免发生安全事故。为了更好地掌握现场安全作业的技能，结合工作实际情况，本章以图文相结合的形式从准备、实施、收尾三个阶段进行说明与阐述。

第一节 准 备 阶 段

工作班组成员在接到工作任务时应积极协助工作负责人准备相关安全工器具、施工器具及其他材料等，并一同做好以下工作。

一、安全工器具的准备

工作班组成员领取合格的安全工器具（安全警示围栏、标识标牌、接地保安线等）。对常规"三宝"（安全帽、安全带、安全网）绝缘手套、验电器等办理领用登记手续，并互相检查工器具标识是否完善，发现不合格工器具或标识不明、超检验周期等情况及时告知工作负责人并不得带至工作现场。急救药箱领用时应该检查药品是否过期，药品是否与清单一致，发现缺失及时补齐或换领完备药箱，如图 6-1 所示；检查安全帽有无裂纹，安全帽生产日期标识有无磨损或超期，如图 6-2 所示。

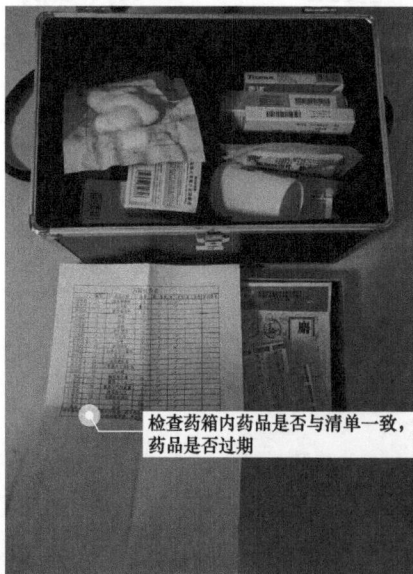

检查药箱内药品是否与清单一致，药品是否过期

图 6-1　急救药箱检查

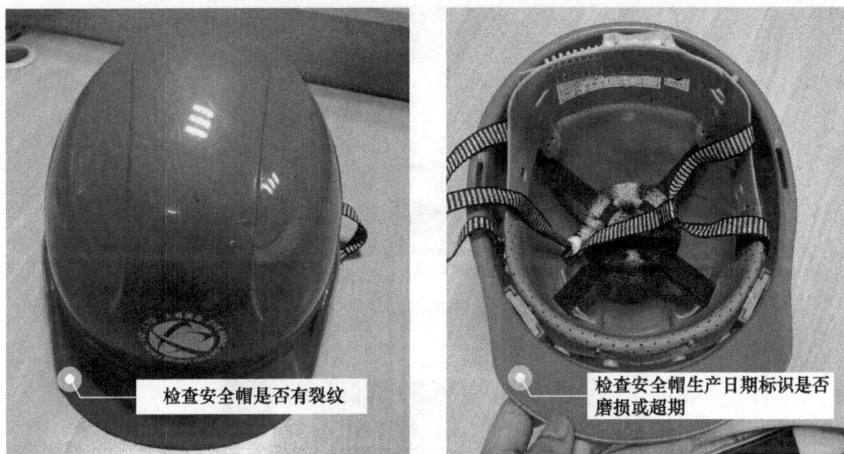

图 6-2　安全帽检查

二、施工器具的准备

工作班组成员及工作负责应人领取合格的施工器具。对常规电动手枪钻、拖线盘、切割机、磨光机、电动螺丝刀等办理领用登记手续，并互相检查施工器具标识是否完善、外观有无破损、有无使用安全隐患，发现不合格工器具或标识不明、有隐患等情况及时告知工作负责人并不得带至工作现场。检修工具箱内常规工具是否齐全（钣手、万用表、螺丝刀、电工胶布等），检查万用表标签是否完整及表笔有无破损能否正常使用，检查钣手、螺丝刀是否缠绝缘胶布等，如图 6-3 所示。如：检查电动手枪钻电源线是否破损（如图 6-4 所示），检查电源拖线盘剩余电流保护器能否正常跳闸（如图 6-5 所示）。

图 6-3　检查工器具

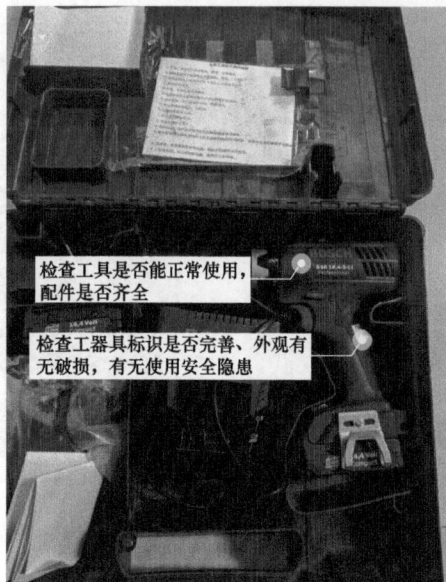

检查工具是否能正常使用，配件是否齐全

检查工器具标识是否完善、外观有无破损，有无使用安全隐患

图 6-4　检查手枪钻

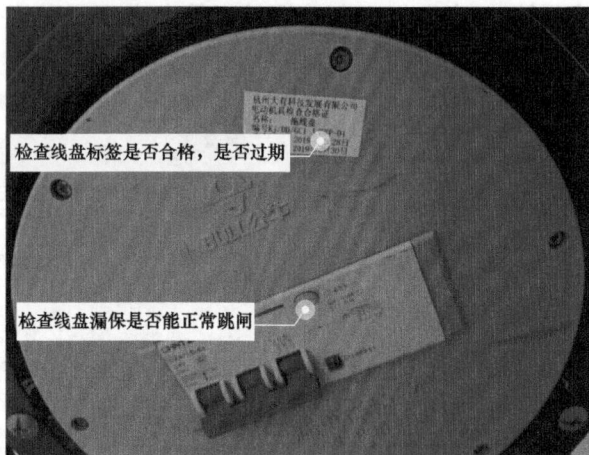

检查线盘标签是否合格，是否过期

检查线盘漏保是否能正常跳闸

图 6-5　检查电源拖线盘

三、其他方面的准备

工作班组成员及工作负责人应准备本次检修设备相对应的图纸、作业

指导书及作业所需配件。准备备品备件时，大型、重型件应该两人以上搬运，搬运过程中注意道路平坦，有监护人，以防砸伤。

工作班成员出发前应穿全棉长袖工作服、绝缘鞋，携带施工上岗证件；检查自己着装是否合格，检查自己携带证件是否有效。

每位班组成员除应做好以上准备工作，还应了解当日工作地点（消缺）、相关工作范围及内容、当日重点保障工作，主动了解检修该站点设备运行情况、软件修改要求、核对配件设备、元器件或板卡型号、版本号及跳线设置等是否齐备并符合实际，检查仪器（工装）等试验设备是否完好，核对本人所带调试工具、电脑软件版本号等是否符合实际，并安排好出行车辆。

第二节　开　展　阶　段

一、进入作业现场安全生产四项基本义务

（1）遵章守纪，服从管理；

（2）正确佩戴和使用劳动防护用品；

（3）四不伤害（不伤害自己，不伤害他人，不被人伤害，不让他人受到伤害）；

（4）发现事故及时报告事故隐患；

（5）到达工作现场开展工作时，主要从班前会、施工作业两个环节进行说明。

二、班前会环节

（1）工作负责人与工作班成员配合检查自身着装，并出示作业证（如图6-6所示）。

（2）工作班成员应认真接受安全交底与技术交底（如图6-7所示），应知道各自工作流程、各自工作内容、各自工作的范围、各自分配到负责的

地点或工艺、各自工作时应注意的安全事项与应急措施，明确工作中的危险点，如果不清楚需向工作负责人询问清楚，明确后在工作票或班前会上签字确认手续。

（3）听从工作负责人布置现场安全措施，悬挂标示牌和装设遮栏（围栏）。

（4）工作监护人由工作负责人从工作班成员中指定技术水平较高及有经验的人担任，执行人、恢复人由工作班成员担任。

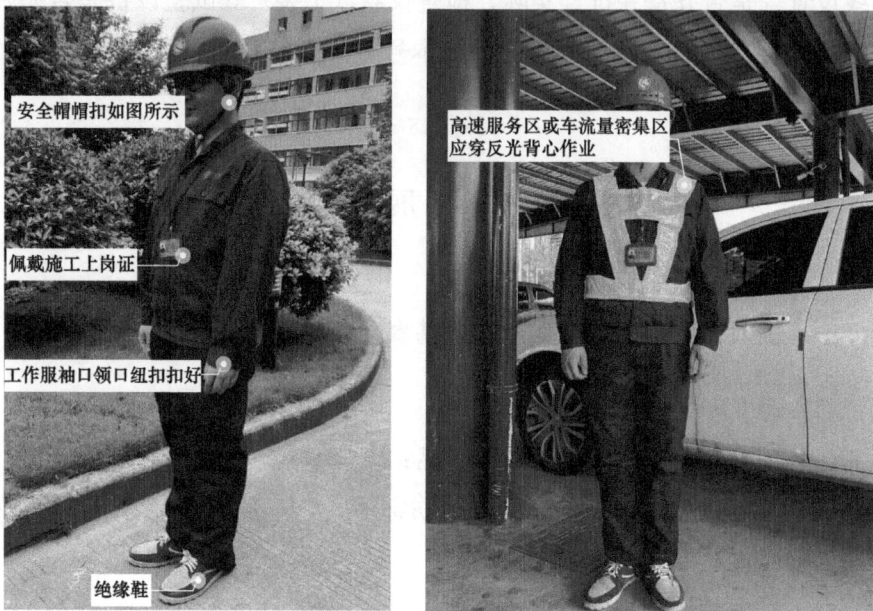

安全帽帽扣如图所示

佩戴施工上岗证

工作服袖口领口纽扣扣好

绝缘鞋

高速服务区或车流量密集区应穿反光背心作业

图 6-6　工作班成员着装

三、施工作业环节

（1）工作班成员应统一跟随工作负责人进入工作现场，不得擅自出入，随意走动，四处摸碰。

（2）施工作业中，工作班成员在工作地点听从工作负责人（监护人）指挥；严禁擅自独立作业，越过遮栏（围栏）。

（3）施工作业中，无论设备是否带电，工作班成员不擅自移动或拆除遮栏（围栏）、标示牌。因工作原因需短时移动或拆除遮栏（围栏）、标示牌时，应征得工作负责人同意并应有监护人在场，并符合设备不停电时的安全距离大于 0.7m。完毕后应立即恢复。

（4）施工作业中，无论设备是否带电，出入车辆（包括装载物）外廓至无遮栏带电部分之间的安全距离应不小于 0.95m。

（5）施工作业中作业人员在带电设备周围使用工器具及搬动梯子、管子等长物，应满足安全距离要求。在带电设备周围禁止使用钢

图 6-7　现场安全交底

卷尺、皮卷尺和线尺（夹有金属丝者）进行测量。

（6）施工作业现场搬动模块等重物，应放倒，由两人搬运，并与带电部分保持足够的安全距离。在整流柜的带电区域内或邻近带电线路处，禁止使用金属梯子。

（7）充电桩屏间的通道上安放模块时，不能阻塞通道，要与运行设备保持一定距离，防止事故处理时通道不畅。

（8）搬运试验设备时应防止误碰运行设备，造成相关运行设备误动作。设备除尘过程中，清扫运行中的设备，应使用绝缘工具，并采取防止振动、误碰的措施。

（9）充电桩巡视时，禁止触碰裸露带电部位。

（10）施工作业中，工作班成员应严格遵守电力作业安全规程的要求作业，严格遵守纪律，服从工作负责人的现场管理。

（11）施工作业中，工作班成员应在工作负责人事先指定的作业范围内工作（如图 6-8 所示）；严禁擅自游窜，工作中长时间打电话或随意离开工

作现场（如图 6-9 所示）。

（12）施工作业中，作业人员应与运行中设备、带电设备保持安全距离，并同时提醒同伴保持安全距离。

图 6-8　监护区内作业（正确做法）　　图 6-9　超越监护区作业（错误做法）

（13）施工作业中，监护人应及时纠正不安全行为（如图 6-10 所示），并督促作业人员按规程或指导书作业。

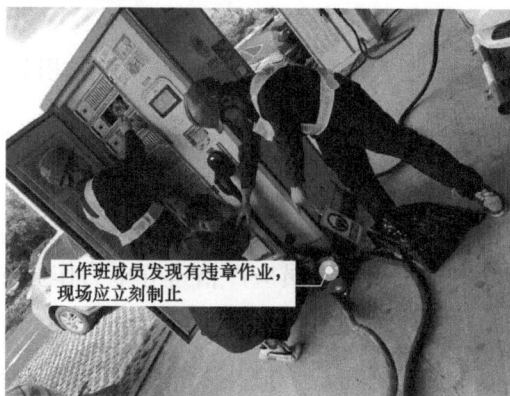

图 6-10　监护人纠正不安全行为

（14）施工作业中，作业人员应注意自身安全，需互相提醒同伴安全注意事项，发现同伴有违章作业、冒险作业、超越工作范围等行为，现场应立即制止。

（15）施工作业中，作业人员应遵守施工机具正确使用方法，各种电器使用前应检查是否漏电，接地是否良好，施工电器采取一机一闸一保护。

（16）施工作业中，禁止采用导电材料捆绑电缆电线。

（17）施工作业现场工作班成员在完成自己的工作后，也应协助其他人员完成相应工作，应听从工作负责人的安排。

（18）工作班成员如遇急事或其他特殊情况需离开工作现场，应向工作负责人事先告知，并协助妥善处理好现场后，取得工作负责人允许后方可离开工作现场。

（19）施工作业中，遇事故隐患、不明险情或危险源时，工作班成员应立即停止工作，并报告工作负责人。

（20）施工作业中，同伴或厂家不服从管理、违章操作等，应立刻制止，制止无效应该立即报告工作负责人。

（21）作业现场中任何人发现事故应当立即报告工作负责人并协助采取相应的紧急处置措施，配合事故抢救。不得迟报、漏报或者瞒报、谎报。

第三节　收　尾　阶　段

一、工作终结环节

（1）工作班成员撤离前应该向工作负责人报告各自工作遗留存在问题等，并与工作负责人周密地检查。

（2）工作班成员整理收拾各自携带工具及材料（如图 6-11 所示），按工作负责人指挥有序将现场剩余材料及工机具装车撤离。搬运时不得随意逗留，不得随意转悠。

（3）工作班成员配合工作负责人将检修的所有临时接线拆除，拆除临时遮栏、标示牌，恢复常设遮栏。配合工作负责人和运行人员进行全面检查无误后，由巡检人员进行试充电。

（4）全部工作完毕后，工作班人员应清扫、整理现场。统一撤离到安全区域后等待工作负责人与巡检人员交接结束进行班后会（如图 6-12 所示）。

（5）工作负责人召开班后会时，工作班成员应该互相确认同伴是否撤离出工作地点，全体工作人员听从工作负责人安排有序撤离工作地点。

图 6-11　完工清理现场　　　　图 6-12　班后会

二、其他方面

（1）工作完成时，工作班成员应协助工作负责人填写完善相关工作记录表。各记录表及时上交存档管理。

（2）对工作中的缺陷或隐患及时上报班组部门，以便部门持续改进。

（3）对当日未完成消缺或遗留问题，应心中有数，并与次日工作班成员进行交接。需提前安排协调对接的工作（厂家），应及时对接联络到位，回到部门及时告知协调负责人。

（4）工作班成员应协助工作负责人归还借用安全工器具、施工器具及其他材料。使用后有损坏的安全工器具、施工器具标识做好，归还时告知保管人员。更换后的材料及时入库归还，好坏配件分类库放标识清楚，以防混淆。

（5）工作负责人终结工作票后方可离开工作现场。

附　录

电动汽车充电站建设工程预验收（验收）记录表

验收项目	序号	验收内容	验收要求	验收结果（打√）		问题内容及解决办法
				无问题	有问题	
土建部分	1	场地	远离爆炸危险环境的正上方或正下方。场地标高满足防洪要求；采用沥青地面或混凝土地面，地基处理到位，地面层次厚度、强度满足设计要求（混凝土强度应不低于C25）；地平坡度应不大于5°，满足平整度要求；应有耐磨、防滑、防尘、防起沙处理，满足硬度要求；无裂缝、空鼓、起沙、积水等质量通病			
	2	给排水系统	场地需做有组织排水，排水通畅。符合设计要求或满足现场实际要求			
	3	照明系统	照明系统正常，有足够照度，符合地下室及晚间使用要求			
	4	钢结构设施	钢材、钢铸件等品种、规格须有进场合格证等文件；焊接材料须有合格证明文件；焊接缝须平整；高强螺栓、普通螺栓、自攻钉须有合格证；高强螺栓丝扣应有2～3扣外露；其余螺栓应有1～4扣外露；天沟、泛水板、包角板搭接须符合防水要求；涂料的颜色、名称、型号、合格证须符合规范；表面光滑，无明显色差；合格证需在认可范围和有效期内			
	5	防雷接地	防雷接地系统，防雷接地装置应符合设计要求及GB 50169—2016《电气装置安装工程　接地装置施工及验收规范》的相关规定			
	6	标识部分	充电桩引导标识需布置合理，标识安装固定牢靠无安全隐患。标识尺寸、组合、用色等应符合要求			

验收项目	序号	验收内容	验收要求	验收结果（打√）		问题内容及解决办法
				无问题	有问题	
供配电系统部分	7	变压器	检查变压器的型号、配置和数量，核对变压器技术参数及实际施工结果与合同、设计图纸等技术文件是否相符，检查施工记录，应符合 GB 50053—2013《20kV 及以下变电所设计规范》和 GB 50255—2014《电气装置安装工程 电气变流设备施工及验收规范》的有关规定			
	8	变流柜及控制柜	检查供电系统盘柜的型号、配置和数量，核对盘柜技术参数及实际施工结果与合同、设计图纸等技术文件是否相符，检查施工记录，应符合 GB 50053—2013《20kV 及以下变电所设计规范》和 GB 50171—2012《电气装置安装工程 盘、柜及二次回路接线施工及验收规范》的有关规定			
	9	低压母线及二次回路	检查设备的型号、配置和数量，核对设备技术参数及实际施工结果与合同、设计图纸等技术文件是否相符，检查施工记录，应符合 GB 50171—2012《电气装置安装工程 盘、柜及二次回路接线施工及验收规范》和 GB 50149—2010《电气装置安装工程 母线装置施工及验收规范》的有关规定			
	10	低压配电	检查低压配线的接线和相序、配电设备布置、配电线路的保护、配电线路的敷设等，核对配电设备技术参数及实际施工结果与合同、设计图纸等技术文件是否相符，检查施工记录，应符合 GB 50575—2010《1kV 及以下配线工程施工与验收规范》和 GB 50054—2011《低压配电设计规范》的有关规定			
	11	电缆	检查电缆的型号、配置和数量，核对电缆技术参数及实际施工结果与合同、设计图纸等技术文件是否相符，检查施工记录，应符合 GB 50168—2018《电气装置安装工程 电缆线路及验收标准》和 GB 50303—2015《建筑电气工程施工质量验收规范》的有关规定			

验收项目	序号	验收内容	验收要求	验收结果（打√）无问题	有问题	问题内容及解决办法
供配电系统部分	12	电能计量	检查电能计量装置的型号、配置和数量，核对电能计量装置的技术参数及实际施工结果与合同、设计图纸等技术文件是否相符，检查施工记录，应符合 DL/T 448—2016《电能计量装置技术管理规程》的有关规定			
	13	电能质量	检测供电系统电压偏差、电压不平衡度、谐波限值等电能质量参数，应符合 Q/GDW 238—2009《电动汽车充电站供电系统规范》、Q/GDW 487—2016《电动汽车电池更换站设计规范》和 GB/T 29316—2012《电动汽车充换电设备电能质量技术要求》的有关规定			
	14	防雷接地	检查供电系统电气装置的防雷和接地，核对实际施工结果与合同、设计图纸等技术文件是否相符，检查施工记录，应符合 GB 50057—2010《建筑物防雷设计规范》和 GB 50065—2011《交流电气装置的接地设计规范》的有关规定			
	15	其他配置	检查相关设备的型号、配置和数量，核对设备技术参数及实际施工结果与合同、设计图纸等技术文件是否相符，检查施工记录，应符合 Q/GDW 238—2009《电动汽车充电站供电系统规范》和 Q/GDW 487—2016《电动汽车电池更换站设计规范》的有关规定			
充电系统（设备）部分	16	充电桩（柜）本体	充电桩外观正常无破损			
	17		充电柜设备接线规范，线头无外露，不存在飞线			
	18		设备须符合设备技术规范书并提供设备操作说明，充电机工作经测试正常			
	19		充电电缆外观无破损，充电接口正常，满足 GB/T 20234.3—2015《电动汽车传导充电用连接装置　第 3 部分：直流充电接口》的有关规定			
	20		各类开关处应有明显作用标识，充电柜上还应有一、二次接线图			

验收项目	序号	验收内容	验收要求	验收结果（打√）		问题内容及解决办法
				无问题	有问题	
充电系统（设备）部分	21	充电桩功能	计量功能使用正常（测试实现单桩多种计费模型并存使用，支持 VIN 码识别充电，支持离线白名单鉴权充电等）			
	22		监控屏是否正常			
	23		启动、停止功能正常。运行状态、故障状态显示功能正常			
	24		充电连接异常时自动切断输出电源的功能正常（测试急停开关正常）			
	25		具备根据电池管理系统（BMS）提供的数据，动态调整充电参数、自动完成充电过程的功能			
	26		具备通过 CAN 接口与电池管理系统通信的功能，获得车载电池状态参数			
	27		具备与监控系统通信功能，后台监控数据与现场充电数据一致，无偏差			
	28		具备输出端过电压、欠电压、过负荷、短路、漏电保护、自检功能			
	29		具备实现外部手动控制的输入设备，可对充电机参数进行设定			
安全防护（消防设施）部分	30	接地系统	电气设备所有不带电的金属外壳均应可靠接地。全站接地电阻应不大于 4Ω			
	31	五防装置	设备装置均为全封闭式，所有电气设备均配置"五防"装置，保证了运行检修人员的安全			
	32	消防要求	充电设施应符合 GB 50016—2014《建筑设计防火规范（2018 年版）》、GB 50140—2005《建筑物灭火器配置设计规范》、GB 50229—2019《火力发电厂与变电站设计防火标准》、DL 5027—2015《电力设备典型消防规程》的消防要求。充电设施与各类厂房、库房、堆场、储罐及其他民用建（构）筑物之间的防火间距应符合 GB 50016—2014《建筑设计防火规范（2018 年版）》中丁类厂房的规定			
	33	灭火器配置	每 2 台充电桩设置不少于 1 只 3.5kg 手提式灭火器；充电桩不足上述数量时，按上述要求向上取整计算			
	34	隔离防护措施	应采取有效的隔离措施并设置警示标志，防止无关人员进入带电区，隔离措施应带锁			

验收项目	序号	验收内容	验收要求	验收结果（打√）		问题内容及解决办法
				无问题	有问题	
监控系统	35	安防监控	安防监控系统可实现图像显示、图像存储、录像回放、摄像机控制，需有对意外灾害和突发事件的预防和管理能力，对主要部位的全面有效的全天候监控与保护			
	36	监控摄像	摄像机应配置数字型室外机，并具备红外夜间摄像功能，摄像机安装牢固，安装方式可考虑吊装壁挂或立杆、类型采用球机或枪机、通信方式采用屏蔽网线或光纤			
	37	硬盘录像机	硬盘录像机应配置数字型工业级嵌入机，具备手动录像、动态录像、报警录像、定时录像等功能，录像时间满足连续存储1个月及以上的要求			
验收资料	38	竣工图纸	完整性，即竣工图齐全、完备；准确性，即与工程实际相符；规范性，即蓝图签字盖章规范；单张修改少于1/3			
	39	保修证书	明确保修范围、内容、期限和保修责任			
	40	充电桩调试报告	设备外观、通电、充电功能、充电保护功能、监控屏等功能试验			
	41	设备清单	与现场实际情况一致，符合验收要求			
	42	合格证、出厂试验报告	与现场实际情况一致，符合验收要求			
	43	设备说明书、使用说明书	与现场实际情况一致，符合验收要求			
其他	44	其他情况				

验收人员签字：

施工单位：

设计单位：

监理单位：

建设单位：

其他单位：

验收日期：